Abbé Pierre

Memoiren eines unbeugsamen Christen

ABBÉ PIERRE

Memoiren eines unbeugsamen Christen

Aus dem Französischen
von Luigi Clerici

Tyrolia-Verlag · Innsbruck-Wien

Titel der französischen Originalausgabe:
„Mémoire d'un croyant"

Die Fotos in diesem Buch wurden uns freundlicherweise zur Verfügung gestellt von:

emmaüs international
emmaus international
emaús internacional

Association Emmaus International
47 avenue de la Résistance
F-93104 MONTREUIL Cedex (France)
Tel.: +33 1 41 58 25 50
Fax: +33 1 48 18 79 88
www.emmaus-international.org

Mitglied der Verlagsgruppe „engagement"

Bibliografische Information Der Deutschen Nationalbibliothek
Die Deutsche Nationalbibliothek verzeichnet diese Publikation in der Deutschen Nationalbibliografie; detaillierte bibliografische Daten sind im Internet über http://dnb.d-nb.de abrufbar.

Umschlaggestaltung und Layout: Tyrolia-Verlag, Innsbruck
Lithografie: AS-Design, Imst
Druck und Bindung: FINIDR, Tschechien
ISBN 978-3-7022-3283-2
E-Mail: buchverlag@tyrolia.at
Internet: www.tyrolia-verlag.at

François Garbit in der Sahara
und Père Henri de Lubac gewidmet

Beide so völlig verschieden
und doch gleicherweise auf Gott hin ausgespannt,
denen ich kleines Ding
für zwei der bedeutsamsten Momente meines Lebens
alles zu verdanken habe.

Die Übersetzung sei dem Schweizer Missionar
Fritz Weber gewidmet, der sich von 1993 bis 2007
der Sorge um solche „verwundete Vögel"
am Rand der chinesischen Gesellschaft in Taibei, Taiwan widmete.

Inhalt

Vorwort

An meinem Lebensabend verspüre ich drei drängende Regungen.

Die erste, den eigentlichen Kern meiner Existenz mitzuteilen – eine Mischung früherer und jüngerer Ereignisse.

Zweitens, danken zu dürfen für alles, was mir geschenkt wurde. Das Kostbarste davon verdanke ich drei Quellen, die mein inneres Leben fruchtbar machten:

- dem jüdischen Volk, das mich mit seinem heiligen Buch, der Bibel, lehrte, dem Einen Gott, dem Gerechten und Barmherzigen, meinen Glauben zu schenken;
- der Kirche, die mir die Gewissheit gab, dass der Ewige Liebe ist und nie aufhört, sich uns mitzuteilen;
- meiner Gründung Emmaus, wo ich Jesus Christus am intimsten begegnen durfte, als ich mein Leben mit Menschen teilte, die von diesem Leben grausamst gequält waren.

Als alter Mann endlich (warum sollte ich es verschweigen?), nach so vielem unermüdlichem Protestieren und Demonstrieren, Kämpfen und Polemisieren gegen eine selbstgenügsame bourgeoise Gesellschaft, die sich nicht um ihre schwächsten Glieder, die Besitzlosen, kümmern will, verlange ich je länger, desto intensiver nach Aussöhnung und Frieden. Wie hatte ich doch im Laufe meiner so langen Lebenszeit, trotz meines ehrlichen Bemühens, Liebe und Wahrheit zu leben, es nur fertiggebracht, Personen zu verletzen, die ich doch gleichzeitig nie aufhörte zu schätzen und zu lieben? Und habe nicht auch ich meinerseits grausame Schläge einzustecken gehabt? Mögen doch wir alle zusammen am Jüngsten Tag Gott und unsere Geschwister demütig bitten: „Vergebt uns bitte, wie auch wir euch vergeben!“

Doch schließlich kam mir die Idee zu dieser Schrift erst vor kurzem, anlässlich des Besuchs eines hoffnungslos verzweifelten Menschen, der mich nach dem Sinn meines Lebens fragte. Er gab mir Anlass, mich der Frage zu stellen, worin denn während meines ganzen Lebens das Herzstück meines Glaubens und meines Hoffens bestanden habe.

Möge dieses Buch sowohl diesem Unbekannten wie auch darüber hinaus all jenen eine Antwort geben, die sich heutzutage je länger, je mehr die Frage stellen, was denn der Sinn alles Menschenlebens sei.

Ich möchte Frédéric Lenoir gegenüber meine Dankbarkeit zum Ausdruck bringen. Er hat durch seine freundschaftliche Unterstützung und seinen geschätzten Ratschlag dieses Buch möglich gemacht.

ERSTES KAPITEL

Verwundete Vögel

Freude unter Tränen

Vergangenen Sommer erhielt ich von einem Unbekannten einen Brief: „Ich leide unter Suizidgedanken. Ich habe keinerlei Kenntnis von einer spirituellen Welt oder Realität. Bevor ich meiner Versuchung zum Opfer falle, möchte ich Sie um eine Begegnung bitten. Erzählen Sie mir einfach etwas von den Freuden Ihres Lebens."

Groß war meine Verlegenheit. Gewiss hatte ich wie jedermann simple Freuden gekostet. Als man mich während der sechs Jahre meines Kapuzinerlebens aufforderte zu schreiben, zu malen oder zu zeichnen, pflegte ich ohne langes Überlegen zu signieren: „Bruder Immerfroh". Und als ich eines Tages krank war, legte einer meiner Kollegen eine meiner Zeichnungen auf den Tisch mit seiner Fortsetzung: „Bruder Immerfroh unter Tränen".

Doch jene großartigen Freuden, die man sich in Stunden der Ekstase erträumt – hatte ich sie gekannt? Kann ich mich an eine erinnern, die es wert wäre, sie diesem Unbekannten zu schildern und Worte darüber zu verlieren? Lange spürte ich bloße Leere. Was erwartete denn der Gequälte von mir, der sich selber nie eine solche Frage gestellt hatte?

Tagelang kramte ich grübelnd in meinen Erinnerungen, bis mir unversehens eine vierzig Jahre zurückliegende Begebenheit einfiel. Sie war so sehr zu einem Element meiner selbst geworden, dass sie mir zunächst gar nicht zu Bewusstsein gekommen war.

Es war in der Zeit mit meinen ersten Gefährten von Emmaus. Sie kämpften sich aus ihrer Misere und dem Ekel einer sinnlos gewordenen Existenz empor. Eben hatten wir uns in Neuilly-Plaisance, einer Pariser Vorstadt, niedergelassen. Sonntags pflegten wir ein Treffen zu veranstalten, um eine Hilfsaktion für noch Elendere als uns zu organisieren.

Nach einem solchen Treffen stieg ich eines Tages hinauf in meine Bude im oberen Stockwerk. Dort arbeitete ich immer stehend, denn sitzend wäre ich vor ständiger Übermüdung sofort eingenickt. Ich hatte zwischen zwei Schubladen ein Brett gestellt, an das ich mich während meiner Arbeit anlehnen konnte. Wie ich da im zweiten Stockwerk stehend in den Hof hinabsah, konnte ich zwei oder fünf oder auch zehn meiner Gefährten erblicken, wie sie sich zum sonntäglichen Ausgang in die Stadt bereitmachten.

Plötzlich überkam mich eine unbändige Freude, wie ich diese verbummelten Kerle und verkrachten Existenzen beobachtete, nun fein säuberlich frisiert und würdevoll ausschreitend, sodass kein Mensch draußen auf der Straße sie von den Vornehmen der Stadt hätte unterscheiden können. Ich wusste ja, wie der eine oder andere vor bloß zwei Wochen oder einem Monat in Lumpen und starrend vor Schmutz sich scheu und verschämt an unserem Hauseingang gemeldet und gefragt hatte, ob für ihn bei uns wohl Platz wäre. So maßlos erniedrigt hatten sich diese obdachlosen Stadtstreicher in ihren stinkenden Lumpen, als sie aus ihrem Nachtloch kamen, gefühlt. Und nun sah ich diese gedemütigten Nichtsnutze und Habenichtse plötzlich in „regelrecht aufrechte Männer" verwandelt, wie sie sich voller Stolz selber nannten.

Kaum hatte ich mich an sie erinnert, da tauchten wie nach einem Dammbruch manch andere und ebenso erregende Begebenheiten in meinem Gedächtnis auf:

Zum ersten Mal überquerte ich, an zwölf von der Gestapo verfolgte Juden am Gletscherseil angeseilt, geheim die Schweizer Grenze. Während meiner sieben Klosterjahre hatte ich bis Kriegsausbruch kein Wort von wachsendem Nazismus und Antisemitismus gehört. In meinem sozialen Milieu[1] bewunderte man Pétain[2], den „Sieger

1 Abbé Pierre war der Sohn eines Lyoner Seidenfabrikanten (Anm. d. Übers.).

2 Marschall Philippe Pétain regierte von Vichy aus den nicht besetzten Teil Frankreichs und kollaborierte mit den Deutschen (Anm. d. Übers.).

von Verdun“, und ich hatte keine Ahnung von den ersten Maßnahmen Vichys gegen Juden.

Nach unserer Niederlage und deutscher Besatzung wurde ich Diözesanpriester in Grenoble. Erst da entdeckte ich die begonnene Jagd auf Juden. Eines Nachts kamen zwei von ihnen an meine Tür und baten um ein Versteck. Das war für mich keine Frage. Dem einen gab ich meine Matratze und dem anderen stellte ich mein Bett zur Verfügung. Den Rest der Nacht verbrachte ich dösend in meinem Lehnsessel.

Am nächsten Morgen suchte ich die Oberin der Nonnen von Notre Dame de Sion auf. Sie verriet mir, dass ihr Kloster voller Juden sei, die man nachts über die Schweizer Grenze zu bringen plane. Ein Grenzübergang auf 3200 Metern Höhe war mir gut bekannt. Mithilfe eines befreundeten Bergführers begann ich, geheime Überquerungen zu organisieren. Nach langem Aufstieg und einer Übernachtung in der Berghütte gelangte man zum Passübergang auf dem Trentgletscher. An der Landesgrenze erklärte ich den Flüchtlingen mit riesiger Freude: „Jetzt seid ihr gerettet. Seht dort drunten die Schweizer Unterkunft, wo mein Freund auf euch wartet, um euch den dortigen Behörden vorzustellen.“

Viel später habe ich den einen oder andern dieser Geflüchteten wieder getroffen. Als ich einst in Washington einen Vortrag hielt, kam aus dem Publikum ein Geschichtsprofessor zu mir und fragte: „Können Sie sich nicht an mich erinnern?“ Als ich verneinte, stellte er sich mir als ein „Marcus“ vor. Da erstrahlte mein Gesicht. Er gehörte zur ersten Gruppe, die ich über die Grenze gebracht und gerettet hatte.

Niemals werde ich auch die Intervention eines Rabbiners für mich vergessen. Es war während einer Wahlkampagne gleich nach Kriegsschluss. Bei einer turbulenten Wahlversammlung, bei der meine politischen Gegner die hässlichsten Verleumdungen gegen mich auskramten, stand plötzlich einer von ihnen auf und schrie: „Lasst mich etwas sagen!“ Ein Greis von gebrechlicher Gesundheit kletterte auf die Bühne, ergriff das Mikrofon und erklärte: „Ich stimme nicht für Abbé Pierre, denn politisch bin ich nicht auf seiner Seite. Doch diese Verleumdungen finde ich unerträglich. Erkennen Sie mich nicht, Monsieur l'Abbé? Ich bin Rabbiner Sam Job, der Ihnen während der Besatzung seine gefährdeten Volksgenossen anvertraute. Als Sie eines Nachts einen von ihnen über den Gletscher brachten, gaben Sie ihm Ihre eigenen Schuhe, weil er bloß windige Sandalen anhatte. Dann liefen Sie selber barfuß über den Schnee nach Hause."

Wir umarmten einander und der ganze Saal applaudierte in enthusiastischer Freude. Politik trennt uns Menschen, doch Solidarität bringt uns zusammen.

Eine weitere dramatische, wenn auch weithin bekannte Erinnerung: Im Zuge der Kampagne, die wir um menschenwürdige Behausungen führten, kämpften wir für einen Kredit von einer Milliarde alter Francs für den Bau von Notunterkünften im harten Frostwinter 1954. Die Regierung antwortete mit einer weiteren Vertröstung auf später. Noch am selben Tag erfror ein Baby und die Nacht darauf auf offener Straße eine alte Frau, die man abends wegen Nichtbezahlung der Miete aus ihrer Mansarde gejagt hatte.

Das löste unseren Medienorkan aus. Unter dem Druck dieses öffentlichen Aufschreis – besteht das Wesen der Demokratie nicht darin, dass die gewählten Abgeordneten durch die öffentliche Meinung ihrer Wähler unter Druck gesetzt werden? – tagte das Parlament in einer Sondersitzung angesichts dieser Katastrophe. Noch einen Monat zuvor hatte es den Milliardenkredit verweigert, doch jetzt beschloss es plötzlich den zehnfachen Betrag, womit wir gleich zwölftausend Wohnungen in ganz Frankreich errichten konnten.

Was war das für eine unerhörte Begeisterung und Freude, als Robert Buron und Senator Leo Hamon in mein Büro gestürzt kamen und schrien: „Jetzt haben wir zehn Milliarden!"

Nun kommt mir auch jener Vater in den Sinn, für den wir eines der Häuser bauen konnten. Eines Tages kam er kopflos zu mir gerannt: „Père, meine Frau und meine Kinder sind verschwunden!" Die ganze Gemeinde wurde mobilisiert und suchte vierundzwanzig Stunden lang. Schließlich wurden sie als gefunden gemeldet. Die Mutter stand schlotternd am Marne-Ufer mit den beiden kleinen Töchtern, die sich an sie klammerten. Noch hatte sie es nicht fertiggebracht, sich in den Strom zu stürzen. Volle vierundzwanzig Stunden hatten sie ohne Schlaf und Essen verbracht, die beiden Kleinen waren halbtot vor Kälte.

Sie war schwanger mit einem dritten Kind und die Familie hauste in einer Wohnhöhle ohne Fenster, ohne Wasser, ohne Klosett. Den Unterhalt verdienten sie mit Altpapier, das sie aus Müllbergen klaubten. Es war einfach schrecklich. Doch dann konnten wir auch dieser Familie ein Häuschen bauen.

Natürlich konnten wir das Obdachlosenproblem nicht für ganz Frankreich lösen. Doch um auch nur einer einzigen Familie zu helfen, lohnte es sich, die Nase voll zu haben und sich abzuquälen mit dem Einsammeln von Lumpen, Schrott und sonstigem Verwertbaren aus dem Müll, um damit wenigstens ein paar Baumaterialien einzukaufen.

Hinter all diesen Fakten stehen menschliche Dramen. Freude durfte ich immer dann erleben, wenn ein solches Drama sein glückliches Ende fand oder eine Not wenigstens eine gewisse Linderung erfuhr, während natürlich manch anderes ohne jede Lösung blieb.

Die Begegnung mit dem unbekannten Briefschreiber fand zwei Tage lang im Frieden eines Klosters statt. Unterbrochen vom gesungenen Chorgebet der Mönche, blieb mir tatsächlich nur wenig Zeit für die Auffrischung meiner frohen Erinnerungen. Doch jedes Mal konnte mein Gesprächspartner dabei erfahren, wie jede einzelne von ihnen eine echte Lebensentscheidung enthielt. Als er Abschied nahm, notierte er ins Gästebuch des Klosters: „28. Juli 1996. Bevor ich hieher kam, hatte ich mir diese Wirklichkeit weder erträumen noch vorstellen können. Sie ist der lebendige Beweis dafür, dass der

Glaube an menschliche Liebe tatsächlich real existiert. Man kann ihn ertasten und erfühlen, sehen und sogar einatmen als das Allereinfachste und Allernatürlichste der Welt, wenn man sich nur dazu Zeit nimmt und sich selber die Zeit gönnt, ihn zu erfahren. Praglia (die Abtei, in der wir uns getroffen hatten) ist ein Zeugnis dieser Liebe, ein Zeugnis für unsere Zeit, ein Zeugnis von Ewigkeit. Danke."

Tatsächlich, dieser Unbekannte war nicht vergebens zu mir gekommen.

So mancher Leser wird sich zweifellos fragen, wie mir denn der wunderliche Titel dieses ersten Teils, „Verwundete Vögel", eingefallen sei. Tatsächlich hat er etwas mit meiner Erinnerung zu tun. Das Sich-Erinnern an all diese wirklichen und eigenartigen Freuden, die die Wege meines langen Lebens von 85 Jahren markieren – sind sie nicht Beweis dafür, dass das Menschenwesen sich ausstreckt und sehnt nach grenzenlosen Horizonten und Räumen? Genau wie ein Adler. Doch gleichzeitig sieht der Mensch sich gezwungen zu kämpfen, unfähig, sich zu einem wirklichen Höhenflug emporzuschwingen, als ob eine Verletzung oder Wunde ihn daran hinderte.

Beginn der Emmaus-Gemeinschaften

Heute besteht das Emmaus-Unternehmen aus 350 Gruppen in 38 Nationen. In Frankreich zählt man 110 Gemeinschaften mit 4000 Personen.

Wir haben drei Regeln: Zunächst: Wir arbeiten, um uns unser Brot zu verdienen. Außer für unsere Betagten und Invaliden verzichten wir auf jede Subvention vom Staat, vom Landkreis oder der Gemeinde. Weiters teilen wir miteinander. Der Stärkste, der am meisten einbringt, erhält keinen größeren Anteil als der unproduktivste schwache Greis. Schließlich erarbeiten wir uns mehr als das, was wir für unseren Lebensunterhalt nötig haben. Damit gönnen wir uns selber den Luxus, unsererseits zu Sponsoren der Gedemütigten und der von der bürgerlichen Gesellschaft Ausgeschlossenen und an den Rand Gedrängten zu werden. Wir sind die Armen, die so spartanisch leben, dass wir noch genug übrig haben, um zu verschenken. Damit haben wir das Recht, der Gesellschaft zu sagen: „Wir Habenichtse können sogar mit unserem ganzen Herzen geben und helfen. Ihr, die ihr sogar mehr habt, als euch guttut: Was könnten wir nicht alles leisten, wenn auch ihr euch unserer Bewegung anschließet?"

Darin besteht das Wesen der Emmaus-Bewegung. Aber wie hat sie denn begonnen?

Es war nach Kriegsende, als ich Parlamentsabgeordneter war. Eines Morgens ruft mich jemand an: „Drei Kilometer von hier will sich einer das Leben nehmen. Kommen Sie sofort, sonst versucht er es ein zweites Mal!"

Ich fand einen total ruinierten Menschen. Er erzählte mir sein Leben. Es glich tatsächlich einem Roman.

Seine Mutter war eine einfache Hausfrau gewesen. Eines Tages ruft sie ein Notar an und erklärt ihr: „Madame, ein alter Herr, dem

Sie den Haushalt machen, hat Sie als Alleinerbin eingesetzt, da er keine eigenen Erben hat. Ein großartiges Vermögen mit Weingärten in der Champagne, Grundstücken etc."

Kaum war diese mittellose Frau reich geworden, fängt ein skrupelloser Polizist an – einige sind ja tadellos, aber andere sind regelrechte Gauner –, ihr den Hof zu machen. Es kommt zu einer feinen Hochzeit mit diesem Haufen Geld und dann kommt Georges zur Welt, der sich nun das Leben zu nehmen versuchte. Er sollte nie ein Familienleben kennenlernen, weil er ständig in Internaten untergebracht wurde.

Wenn er in den Ferien nach Hause kam, sagte ihm seine von ihrem Gatten völlig verächtlich behandelte Mutter: „Schau dir in seiner Schublade seinen Dienstrevolver an. Eines Tages musst du deine Mutter rächen."

Mit zwanzig Jahren hat sich Georges verlobt, doch da schickt ihm seine Verlobte plötzlich und ohne ein Wort der Erklärung einen Abschiedsbrief. Bei unserer Begegnung war er 45, und noch immer liebte er seine ehemalige Verlobte so sehr, dass er bitter zu weinen begann, als er von ihr sprach. Tatsache war, dass die Geliebte seines Vaters, des Polizisten, Georges eine ihrer Verwandten anhängen wollte, um auch vom Erbe zu profitieren. Deshalb hatte sie begonnen, der Verlobten anonyme verleumderische Briefe über Georges zu schreiben. Hoffnungslos und von ihr verlassen, heiratete er schließlich die ihm so angehängte Braut und bald kam auch ein Baby.

Doch der Zufall wollte es, dass seine Freunde bei der Nachforschung über die plötzliche und unerklärliche Absage die an die Verlobte adressierten anonymen Briefe entdeckten und sie Georges aushändigten. Der erkannte gleich die Schriftzüge der Geliebten seines Vaters und holte sich dessen Revolver, um die Frau, die ihn von seiner Verlobten getrennt hatte, zu erschießen. Doch da es eine automatische Waffe war, mit der er nicht umgehen konnte, schaffte er es nur, sie zu verletzen. Seinen Vater aber, der gerade hinter ihr stand, traf der tödliche Schuss. Vatermord, schlimmstes aller Verbrechen. Das Gericht verurteilte ihn zu lebenslanger Zwangsarbeit. Er wird nach Cayenne, der Strafkolonie im südamerikanischen Guyana, gebracht, noch bevor sein Kind zur Welt kommt.

Er kannte also seine Tochter nicht. Als diese 15 oder 16 Jahre alt war, begann sie ihrem Vater ins Straflager die zärtlichsten Briefe zu schreiben. Sie hatte sich von ihrem Vater ein so stark idealisiertes Bild gemacht, weil er doch ein Opfer seiner Liebe geworden war.

Da ein plötzlicher theatralischer Donnerschlag: Georges wird begnadigt, da er unter Einsatz seines Lebens bei einer Feuersbrunst einen Menschen gerettet hatte. Unversehens kehrt er nach Frankreich zurück. Wie er heimkommt, um seine Tochter kennenzulernen, entdeckt er, dass seine Frau mit einem Mitsträfling lebt, der einige Monate zuvor entlassen worden war und seiner Familie von Georges' Schicksal berichtet hatte. Schon war ein Baby unterwegs. Seine Tochter, die ihm so herzliche Briefe geschrieben hatte, war schrecklich von ihrem Sträflingsvater enttäuscht, denn er hatte Tuberkulose (er sollte 15 Jahre später daran sterben) und Malaria und hatte begonnen zu trinken. Als sie das merkte, weigerte sie sich, mit ihm auch nur ein Wort zu wechseln.

Da unternahm er seinen Suizidversuch, und das war der Moment, da ich mit ihm zusammentraf.

Als ich diesen Roman erfahren hatte, sagte ich zu ihm: „Georges, deine Geschichte ist entsetzlich. Doch kann ich dir leider nicht aus der Patsche helfen. Meine Familie ist zwar wohlhabend, doch als ich Mönch wurde, verzichtete ich auf mein Erbteil. Ich habe keinen Sou. Ich bin zwar Abgeordneter und erhalte meinen Monatslohn, doch kommen so viele völlig mittellose Familien und erzählen mir ihre Elendsgeschichten, dass ich mein ganzes Einkommen brauche, um meine Schulden zu begleichen, mit denen ich ihnen eine anständige Unterkunft baue. Da bleibt leider für dich nichts übrig. Und jetzt willst du also sterben. So denk doch an die Mütter, für die ich Wohnungen baue! Willst du mir nicht helfen, bevor du dich tötest, die Häuser ein wenig rascher für diese Familien bezugsbereit zu machen?"

Da hellte sich sein Gesicht auf, und er sagte: „Abgemacht!" Er kam, war zwar ein körperliches Wrack, doch half er mir beim Transport von Brettern, so oft meine Amtsverpflichtungen mir Zeit ließen, die Bauten weiterzuführen. Diese Arbeit gab seinem Leben neuen Sinn.

Später gestand er mir: „Was immer Sie mir gegeben hätten: Geld, ein Haus, bezahlte Arbeit – ich hätte mir doch wieder mein Leben zu nehmen versucht. Was mir fehlte, war nicht Lebensunterhalt, sondern der Sinn meines Lebens."

So begann er, den noch Armseligeren, als er selber es war, zu helfen. Der Verzweifelte verwandelte sich in einen Retter und Emmaus war geboren.

Welches war die erste Familie, für die ich eine Unterkunft baute? Eines Tages kommt eine Mutter mit drei Kindern, einem Großvater und – zwei Papas! Sie erklären mir, dass sie aus ihrer leer stehenden Wohnung geworfen wurden, wo sie bislang als Hausbesetzer in ständiger Unsicherheit gelebt hatten. Provisorisch brachte ich sie in meinem großen Haus unter, das ich in eine Jugendherberge verwandelt hatte. Es waren Weihnachtsferien und es schneite. Die Herberge war voller Deutscher, Engländer, Franzosen usw. Kein Platz für eine siebenköpfige Familie. Da ich keine andere Lösung fand, nahm ich kurzerhand das heilige Sakrament aus meiner Kapelle, trug es in einen sauberen Winkel in unserem Speicher und brachte die seltsame Familie in meinem Kirchenraum unter.

Zuweilen sage ich mir, dass der Grund unseres Erfolges im Kampf für Obdachlose darin zu suchen ist, dass Jesus in seiner sakramentalen Gegenwart der Erste war, der seinen Wohnraum einer obdachlosen Familie überlassen musste.

Einige Tage, nachdem sie sich mit Matratzen und Kleiderbündeln in der Kapelle eingerichtet haben, kommt der rechtmäßige Vater des ältesten Kindes und sagt mir etwas verlegen: „Père, ich muss Ihnen etwas erklären. Ich hoffe, Sie werden uns nicht richten oder verdammen. Während des Krieges war ich in Deutschland gefangen und als ich hierher zurückkehrte, lebte meine Frau mit diesem anderen. Ich hatte mein Kind, und jetzt sind zwei weitere da. Was sollen wir da machen? Soll ich mich aus dem Staub machen? Das war eine Versuchung. Doch die drei Kinder gehören alle meiner Frau, das erste mir, die anderen ihm. Wir haben es miteinander überlegt und uns gesagt: Was schadet den Kleinen am wenigsten? Schließlich haben wir uns darauf geeinigt, dass er untertags arbeitet und ich nachts.

Da möchte man lachen und doch ist es erschütternd. Statt sich endlos zu streiten oder nur an sich zu denken, haben sie für ihre Schwächsten gesorgt, nämlich für die Kinder.

Wir haben ihnen ein Haus gebaut und sie darin untergebracht. Das Erste, was sie taten, war, eine Tafel am Hauseingang anzubringen, auf der geschrieben stand: „La joie de vivre / Die Lust am Leben". Als die Kinder größer wurden, gaben wir ihnen zwei Wohnungen; das war die beste Lösung.

Zu Beginn von Emmaus hatten wir nicht bloß Gefährten und Familien, sondern auch freiwillige Helfer, meistens Junge aus besseren Familien, die zu uns kamen und vortreffliche Arbeit leisteten. Der erste war der Sohn eines Industriellen. Er hatte seine Studien abgeschlossen, war Ingenieur und sollte seinem Vater in der Leitung eines großen Betriebes nachfolgen. Er kommt zu mir und sagt: „Père, ich habe meine Ausbildung hinter mir und bin kompetent in meinem Beruf, doch habe ich keinerlei Menschenkenntnis. Könnte ich nicht einige Zeit bei Ihnen leben, um das Leben dieser Menschen kennenzulernen?" Selbstverständlich, sagte ich. Nach einem Jahr – und das gab mir Grund zu schallendem Lachen – brachte er mir den Brief des Vaters seiner Verlobten, der ihm geschrieben hatte: „Mein kleiner Schlingel, das sollte jetzt genügen. Jetzt entscheide dich zwischen Abbé Pierres Lumpen oder meiner Tochter." Sie heirateten und bald hatten sie zwei Kinder.

Doch von Panik vor seiner väterlichen Verantwortung verfolgt, verschwand der junge Mann plötzlich, ohne eine Adresse zu hinterlassen. Die junge Mutter war ratlos. Eines schönen Tages erhält sie Post aus der Fremdenlegion. Er schrieb ihr von Sidi-Bel-Abbes[3], wo er stationiert war. Ohne Zaudern nahm sie die zwei Kinder und fuhr zu ihm für die fünf Jahre seiner Verpflichtung. Seither sind sie eine wunderbare Familie.

So wurde also Emmaus geboren: mit einem Vatermörder, dessen Suizid misslang, einer Familie mit zwei Papas, einem Ingenieur, der seine Industriellenfamilie gegen die Fremdenlegion eintauschte! Kurz, mit verwundeten Vögeln aller Art.

Und das scheint mir genau des Menschen Herz zu sein: gewoben aus Schatten und Licht, fähig zu Heroismus und zu Feigheit, sich nach weiten Horizonten ausstreckend und doch auch an allerlei Hindernissen sich aufreibend, wobei die größten Hindernisse in seinem eigenen Inneren zu finden sind.

3 Eine Stadt im Norden Algeriens (Anm. d. Übers.)

Das Evangelium der Armen

Das Abenteuer, das damit begonnen hatte, dass niedergedrückte Menschen wieder zu „aufrechten" wurden, mit verzweifelnden Familien, die wieder Hoffnung schöpften, sobald sie ein kleines Häuschen beziehen durften, führte mich dazu, unser ganzes Bildungssystem in Frage zu stellen. Es beruht auf dem Prinzip „Das tut man und das tut man nicht" – auf dem Prinzip des Konformitätsdrucks.

Dank dieser Erlebnisse fühlte ich mich gezwungen, ganz andere Werte zu suchen, die ich im Evangelium fand. Doch in einem mit neuen Augen gelesenen Evangelium, das mich über jeden Zweifel hinaus auf die Straße der Hoffnung führte.

Ein über das andere Mal las ich die Evangelien. Dort fand ich einen Jesus, der es wagte, eine Menge von traditionellen Vorschriften in Frage zu stellen, die im Namen seiner Religion die trivialsten Kleinigkeiten regulierten: von Gebeten zu den Sozialbeziehungen bis zu Wallfahrtskalendern, Opferritualen und Verlobungsprozeduren, vom Familienleben und von Speisen bis zu Anstandsregeln usw. Und da entdeckte ich auch, dass dieser Jesus fortwährend meinen „verwundeten Vögeln" begegnete und ihnen neue Hoffnung schenkte.

Da ist zum Beispiel dieser Zachäus (Lk 19), ein ausgesprochener Gauner, der für die römische Besatzungsmacht Steuern eintrieb. Solange er dieser Autorität die entsprechenden Beträge ablieferte, konnte er aus seinen jüdischen Mitbürgern erpressen, so viel er nur wollte. Also ein Kollaborateur und Dieb zugleich!

Eines Tages durchquert Jesus die Stadt Jericho. Da wollte dieser Schurke sehen, wer denn dieser Jesus sei. Klein von Gestalt, war ihm das wegen der Menschenmenge unmöglich. Er rennt deshalb einfach voraus und klettert auf einen Feigenbaum, um in seiner Neugier einen Blick zu erha-

schen. Da erblickt ihn Jesus und ruft ihn beim Namen: „Zachäus, komm rasch herunter, denn heute muss ich bei dir übernachten." Er fühlt sich geehrt und springt aus seinem Ausguck, während die Menge knurrt: „Bei diesem Gauner steigt er ab!" Doch Zachäus stellt seinen Mann: „Herr, die Hälfte meines Vermögens verteile ich unter die Armen. Und falls ich einen betrogen haben sollte, gebe ich ihm das Vierfache zurück." Da erklärt ihm der Meister: „Heute ist dir Heil widerfahren, weil selbst du ein Sohn Abrahams bist. Der Menschensohn ist ja gekommen, zu suchen und zu retten, was verloren ist."

Eines Tages fand ein Emmaus-Gefährte ein Evangelienbuch und blätterte darin. Noch nie hatte er in der Bibel gelesen. Da sagte er den anderen: „Kennst du das Buch nicht? Da gibt es tolle Geschichten drin!"

Tatsächlich sind die Evangelien voller außerordentlicher Geschichten, die uns zeigen, wie Jesus niedergedrückte Männer und Frauen in allen möglichen Notlagen aufrichtete und ihnen neue Hoffnung gab. Viele dieser verunglückten, verkrachten und gequälten Wesen, denen ich während dieser fast fünfzig Jahre begegnet bin, gleichen ziemlich genau jenen, denen Jesus begegnete.

Die Geschichte der ersten Familie, die wir unterbrachten, mit einer Frau und zwei Papas – hat die nicht eine Ähnlichkeit mit jener Frau in Samaria (Joh 4)?

Jesus bittet sie um einen Schluck Wasser und sie nimmt Anstoß daran, weil sich kein Jude je von einem Samaritaner einen Dienst erbat. Diese zwei Völker hassen einander. (Soeben komme ich aus Belfast in Nordirland zurück, wo die Beziehungen zwischen Katholiken und Protestanten ganz ähnlich sind.) Juden sprachen nie ein Wort mit Leuten aus Samaria, die sie als Häretiker verachteten. So sagt ihm diese Frau „Wie kommt dir, einem Juden, nur sowas in den Sinn?"

Und Jesus fährt fort und sagt: „Frau, wenn du nur wüsstest, wer dich da um einen Schluck Wasser bittet, hättest du umgekehrt ihn um sprudelndes Wasser gebeten." Da fragt sie mit ihrem Krug höchst erstaunt: „Aber Herr, du hast ja kein Schöpfgefäß, und unser Brunnen ist sehr tief. Wo willst du also dein Wasser herholen? Du bist doch nicht etwa größer als unser Erzvater Jakob, der uns diesen Brunnen gegraben hat?" Und Jesus: „Wer von deinem Wasser trinkt, wird wieder durstig, doch wer von dem meinen trinkt, wird in Ewigkeit keinen Durst mehr verspüren, denn es ist ein Quell, der niemals austrocknet." „Herr", sagt da die Frau, „gib mir von deinem Wasser, damit ich nicht länger täglich hierherlaufen muss."

Da sagt er: „Ruf mir deinen Gatten." Worauf sie antwortet: „Ich habe keinen." Da sagt ihr Jesus: „Da hast du recht, denn du hast mit fünf Männern geschlafen, und selbst der jetzige ist nicht dein Gatte."

Da sagt die Frau: „Herr, ich sehe, du bist ein Prophet! Nun sag mir: Unsere Vorfahren haben immer auf diesem Berg Garizim Gottesdienste gefeiert, doch ihr Juden behauptet, das dürfe man nur in Jerusalem tun." Da sagt ihr Jesus: „Glaube mir, Frau, es kommt die Stunde, da man weder auf diesem Berg noch in Jerusalem Gott Vater anbetet. Ihr betet zu einem, den ihr nicht kennt, doch wir Juden kennen ihn, denn sein Heil kommt von uns Juden. Die Stunde ist schon da, dass die wahren Anbeter den Vater im Geist und in der Wahrheit anbeten. Das sind die wahren Anbeter, nach denen Gott verlangt, denn Er ist Geist, und in Geist und Wahrheit ist Er anzubeten." Da sagt die Frau: „Ich weiß, dass der Messias, wenn er kommt, uns alles erklären wird." Da sagt ihr Jesus: „Ich bin es, der mit dir spricht."

Wie kann man beim Lesen dieses Gesprächs, das alle Sektenmentalität aufsprengt, in die sich Religionen und Konfessionen einigeln, nicht schmerzlichst die aktuellen Spannungen im gleichen Heiligen Land verspüren? Muss man sie nicht als entsetzliche Narben empfinden? Wann werden wir endlich als Menschenbrüder, wenn auch verschiedenen Glaubens, miteinander leben dürfen, ohne diese ständigen blutigen Auseinandersetzungen?

Alle diese Geschichten von „verwundeten Vögeln“ berichten von Gefährten oder Familien, denen wir aus der Patsche helfen durften. Sie alle wussten sich am Ende ihrer Kraft und sie alle sahen keine Hoffnung mehr. Diesen Jesus sehen, der einen Gauner verwandelt, das bringt ihnen Hoffnung.

Einen Punkt muss man betonen: Alle Gemeinschaften der Emmaus-Bewegung bleiben, vom Evangelium bekehrt, völlig überkonfessionell. Keine Person wird je gefragt, ob sie gottgläubig oder Kirchgänger sei, ob sie für die politische Rechte oder Linke stimme, ob sie mit den Deutschen kollaboriert habe oder der Résistance angehörte. Nichts von alledem. Einen Neuling fragt man nur: „Hast du Hunger oder bist du müde? Möchtest du eine Dusche?“ Und selbstverständlich ist jedermann völlig frei, zur Messe oder in irgendeine andere Versammlung zu gehen.

Sehr wenige kennen eine „religiöse Praxis“, das muss man sagen. Doch alle hören gerne Geschichten aus dem Evangelium, wo sie sehen, dass dieser Jesus nicht zu den Wohlhabenden oder zu den sorglosen Spießbürgern seiner Zeit kam, sondern zu den verkrachten Existenzen, verirrten Verbrechern und ausgestoßenen Sündern, die sich selbst nichts mehr zutrauten …

Das, wovon das Evangelium berichtet, und genauso die Episoden zu Beginn unserer Emmaus-Bewegung, von denen hier die Rede war, sind das Bild des Zustands der Menschheit damals wie heute. Wir alle dürsten nach menschlicher Würde, nach Verständnis, nach Freiheit, nach weiten Horizonten, nach Glück, nach Gesundheit, nach Geschwisterlichkeit, doch meistens leben wir in allerlei Ängsten, in Kälte, in Spannungen oder Krieg, in Missverständnissen und in Krankheit. Wir alle sind doch in dieser oder jener Hinsicht „verwundete Vögel“. Oder ist die Geschichte der Menschheit etwa eine andere?

Enthusiastische Desillusionierung

Nach dem Krieg wurde ich für Nancy zum Abgeordneten in die Nationalversammlung gewählt. So musste ich mir in Paris ein Absteigequartier besorgen. Nach vielem Hin und Her fand ich endlich ein großes Haus in Neuilly-Plaisance mit einem Garten von einem Hektar Größe. Es war recht billig, denn es war während des Krieges ausgeplündert worden.

Als ich ankam, wurde ich die Sensation des Stadtteils: Da kam im Wagen mit dem Abzeichen der Nationalversammlung ein Priester in Soutane angefahren. Doch kaum angekommen, hatte er die Soutane schon gegen die Arbeitskleidung ausgetauscht und stieg aus dem Fenster, um das Dach zu reparieren. Man hielt mich für geistesgestört.

Nachdem ich das Haus bewohnbar gemacht hatte, verwandelte ich es in eine Jugendherberge, denn für mich allein war es viel zu groß. Damals war ich Exekutivpräsident der Bewegung für Weltföderation (MUCM). Dessen Ratspräsident war Lord Boyd Orr, der Gründer der Ernährungs- und Landwirtschaftsorganisation der UNO FAO. Einstein war auch Mitglied dieser Bewegung, was mir mehrmals Gelegenheit gab, mit ihm zu sprechen. Oft nahm ich an ihren Kongressen an verschiedenen europäischen Orten teil. Das war der Grund, weshalb viele junge Europäer, wenn sie nach Paris kamen, in meiner Jugendherberge Unterkunft und Gesprächsgelegenheit mit mir suchten.

Damals stellte ich etwas Eigenartiges im Leben dieser Jugendlichen fest: Sie alle freuten sich über das Ende des Weltkriegs, doch die tiefsinnigsten unter ihnen, ob von den Sieger- oder Verlierernationen, waren besorgt und zweifelten an einem Sinn des Lebens.

Das war die Zeit, da man die Schrecken erregenden Konvois aus den Vernichtungslagern der Nazis zu Gesicht bekam. Ich erinnere mich an ein junges Mädchen, das als Freiwillige des Roten Kreuzes in einem großen Pariser Hotel, das als Transitlager diente, half und sich um diese bis auf das Skelett abgemagerten Menschen zu kümmern hatte. Die junge Frau von zwanzig Jahren bekam dabei einen solchen Ekel vor dem menschlichen Leib, auch vor ihrem eigenen, dass sie Jahre brauchte, bis sie sich wieder normal fühlen konnte.

Im Lager der Sieger begann man allmählich die Folgen der Atombomben über Japan zu begreifen, obwohl man die ganze Wahrheit auch heute noch nicht kennt. Nicht bloß, dass die beiden Bomben innerhalb eines Augenblicks 180.000 Menschenleben auslöschten, sie verunstalteten auch die Babys im Mutterleib zu Monstern.

Diese Jugend, konfrontiert mit der Ungeheuerlichkeit dessen, was der Mensch anrichten konnte, verzweifelte an der Menschheit. Viele zweifelten sogar, ob es sich lohne, zu leben. Als ich das Evangelium im Gedanken an diese verstörte Jugend las, kam mir die Emmausgeschichte (Lk 24) unter die Augen. Ich war innerlich berührt von der Hoffnungslosigkeit dieser zwei Jesusjünger, die nach seiner Hinrichtung aus Jerusalem flohen.

Am Palmsonntag, beim Einzug in Jerusalem, der einer Art Parade auf den Champs-Elysées glich, hatten sie doch gemeint, dass ihr Jesus, von der ganzen Stadt im Triumph begrüßt und zu ihrem König proklamiert, die römische Besatzungsmacht verjagen würde. Doch wenige Tage darauf kommt am gleichen Ort in Getsemani sein Todeskampf. Keinerlei Wunder mehr von ihrem König Jesus. Stattdessen lässt er sich völlig wehrlos misshandeln und quälen wie nur irgendwer. Und schließlich endet er am Kreuz wie irgendein Bandit.

Dieser tödliche Schreck fährt in all seine Jünger. In Furcht vor der römischen Soldateska und den Tempelpriestern fliehen sie schleunigst aus der Stadt. Das ist das totale Scheitern der Sache Jesu. Auch diese zwei ergreifen wie alle andern außer den Frauen die Flucht.

Und siehe da, auf ihrem Fluchtweg gesellt sich gegen Abend ein Dritter zu ihnen. „Was schaut ihr so verstört drein?“, fragt er. Da staunen sie und fragen: „Bist denn du der Einzige, der in Jerusalem heute noch nicht verstört ist? Weißt du denn nicht, was da geschah?" Und sie erzählen ihm die Tragik der vergangenen Tage. Der unbekannte Wandergenosse, kein anderer als der lebendige Jesus selber, zitiert ihnen unzählige Bibelstellen, die von einem Heil für Israel durch vielerlei Tragik und Leiden berichten. Dass selbst der Messiaskönig ein Gedemütigter und von Leiden Gezeichneter sein würde, ganz das Gegenteil von dem, was sie sich von einem allmächtigen Triumphator erträumt hatten.

Da kommen sie zum Gasthaus und wie die zwei einkehren wollen, gibt der Dritte zu erkennen, dass er weiterziehen wolle. Doch da sagen die zwei jenes Wort, das ich immer so gerne höre: „Bleib doch bei uns, denn es wird ja bald Nacht und der Tag ist schon vorbei!"

Das ist das Schriftwort, das wir gerne auf die Grabmäler unserer Gefährten eingravieren.

Bei Tisch nimmt der Wanderkamerad das Brot, spricht den Segen, bricht es und teilt es mit ihnen – und in diesem Moment erkennen sie ihn, doch im selben Augenblick ist er ihnen entschwunden. Da sagen sie zueinander: „Brannte denn nicht unser Herz die ganze Zeit, da er uns die Schrift eröffnete?"

Die Rückkehr des Glaubens kam ihnen nicht dank eines logischen Vernunftarguments, sondern in einem Liebesakt: „Unser Herz war in Flammen." Das ist doch großartig! Da ist genau beschrieben, wie diese feigen Ausreißer verwandelt werden. Die Furcht vor dem Lebensrisiko wegen ihres Jesus ist wie weggeblasen:

Noch in der Nacht eilen sie ihren Weg zurück, um ihren Kameraden zuzurufen, dass ihr Jesus lebe. Sie hasten in den Abendmahlssaal, wo sie ihre Apostel sicher verriegelt wähnen, und rufen nichts als: „Jesus lebt!" Da tönt es ihnen entgegen: „Ja so ist es! Er hat sich dem Petrus gezeigt!" Und fortan zeigte er sich ihnen noch mehrmals in seinem Herrlichkeitsleib, wie der unsere auch sein wird am Jüngsten Tag.

Als ich diese Geschichte von den „Emmausjüngern" meditierte, wurde in mir meine Lebensphilosophie geboren, die ich „die enthusiastische Desillusionierung" nenne. Gleich nahm ich ein Brett und einen Farbtopf und schrieb mit großen weißen Buchstaben EMMAUS darauf. Dann hängte ich es als unseren Namen an das Eingangsgitter unseres Gartens.

Natürlich fragt man mich ständig, was das denn heißen soll. Da begann ich der Jugend zu erklären, dass das Leben von Anbeginn darin bestehe, uns von unseren Illusionen zu befreien. Ein Kleinkind versucht ja alles, das auf es Eindruck macht, zu berühren, selbst wenn es ein Feuer wäre. Erst wenn es sich gebrannt hat, wird es sich davor hüten. Es lebte in einer Illusion, von der es in Zukunft befreit ist.

Uns Erwachsenen geht es immer noch ebenso. Fortwährend haben wir uns unserer falschen Illusionen zu entledigen, um der Wirklichkeit näher zu kommen. Nur dann können wir den eigentlichen, illusionsfreien Enthusiasmus entdecken.

Im Griechischen heißt „hen" „eins sein", und „theós" heißt „Gott". Ein „En-thusiast" ist also ein Mensch, der „eins wird mit Gott"[4]. Doch um solche Einheit mit ihm zu erwerben, muss man sich zuvor aller falschen Illusionen entledigen.

Das versuchte ich dieser verstörten Nachkriegsjugend zu erklären: „Ihr lebt in Enttäuschung. Doch wenn ihr ins wirklich illusionsfreie Leben eintreten wollt, um dem „Ewigen, der Liebe ist" zu begegnen, habt ihr euch zuvor von allen falschen Illusionen zu befreien.

Als ich damals jene Tafel an den Garteneingang hängte, konnte ich ja keine Vorstellung haben von dem, was daraus nach kurzer Zeit werden sollte. Denn anstelle der Jugend waren alsbald alle Betten, eins nach dem andern, von Leuten belegt, die von schlimmsten Ent-

4 Diese etymologische Herleitung Abbé Pierres ist nicht ganz korrekt. Die griechische Vorsilbe „en" heißt „in". En-thusiasmus könnte man also deuten als „einen Gott oder das Göttliche in sich haben" (Anm. d. Übers.).

Henri Grouès im Alter von 10 Jahren (vorne in der Mitte)

Im Alter von 14 Jahren mit seinen Eltern und fünf Geschwistern

Mit 16 Jahren

Als Kapuziner im Jahr 1932

Im Kreise der Familie in Irigny (1933)

1941, bevor er sich unter dem Decknamen „Abbé Pierre" der Résistance anschloss.

Das erste Haus von Emmaus in Neuilly-Plaisance, nahe Paris (1949)

Abbé Pierre mit ersten Emmaus-Mitstreitern zu Beginn der 1950er Jahre

Die Emmaus-Gemeinschaft lebt von dem, was sie durch die Tätigkeit ihrer Mitglieder einnimmt. Altglassammlung in den 1950er Jahren …

… in Müll und Schlamm

Mit seiner Sekretärin Lucie Coutaz 1959 in Israel

täuschungen verbittert waren, von Leuten aus zerbrochenen Ehen und Familien, Strafentlassenen, im Stich gelassenen Müttern mit ihren Kindern, verbummelten Alkoholikern …

Was für ein herrliches Wunder, in einem Haus Zuflucht zu finden, das auf der Emmausgeschichte errichtet ist! Das war es tatsächlich, was mich bis in mein tiefstes Herz berührte, eines der bedeutsamen Zeichen, das einem Gottes Vorsehung von Zeit zu Zeit schenkt. Ich hätte mir ja nie träumen lassen, dass mein Haus in Kürze von so vielen Lebensenttäuschten, also Des-illusionierten bewohnt würde, die alle nach jener Wirklichkeit hungerten, die allein Hoffnung zu schenken vermag.

Hoffen

Wie immer in Gesprächen, in denen es um Wesentliches geht, beginnen wir damit, unsere Wörter zu definieren. Wie viel nutzloses Wortgezänk könnte vermieden werden, wenn wir uns nur zu Beginn unserer Debatten um eine Definition unserer Schlüsselbegriffe bemühen würden.

Verwechseln wir also nicht „l'espérance / das Hoffen" mit „l'espoir / die Hoffnung". Man mag tausenderlei Hoffnungen hegen, aber nur ein Hoffen pflegen. Man hofft, dass ein Gast rechtzeitig komme, oder dass wir ein Examen bestehen, oder dass in Ruanda wieder Friede werde. Das sind partielle Hoffnungen.

Das eigentliche Hoffen jedoch ist etwas völlig anderes, denn es betrifft den Sinn unserer ganzen Existenz. Wenn sie im Nichts enden sollte, oder nur im Erdloch, das unseren winzigen Materieball verwesen lässt, warum dann ein ganzes Leben fristen?

Das Hoffen besteht im Glauben, dass das Menschenleben Sinn hat. Es entsteht, wenn wir zu begreifen beginnen, dass wir Heil oder Rettung nötig haben. Doch was bedeutet dieses Wort „Heil" für einen Menschen, der sich nicht verloren fühlt? Man wird nur gerettet, wenn man sich gefährdet weiß. Ich meine, dass sich ein solches Bewusstsein der Gefahr auf zwei Ebenen bildet.

Zunächst hegen wir alle gewisse Erwartungen. Die Erwartung, mehr zu wissen oder zu lieben, zu geben, zu empfangen, mehr zu werden, seine Grenzen zu überschreiten. Wenn wir während Jahrzehnten solche Erwartungen hegten und sie sich alle letztlich als nutzlos erwiesen, fühlen wir uns vom Leben enttäuscht und verraten. Dann tut es not, aus solcher negativer Enttäuschung und Frustration gerettet, also des-illusioniert zu werden. Wir verlieren unsere falschen Illusionen und unseren Enthusiasmus, den sie genährt hatten.

Doch es mag der Fall sein, dass wir an unseren Illusionen festhalten – und leider geschieht das sehr oft –, um uns nicht mit der Realität konfrontieren zu müssen.

Der Mensch trägt in sich eine grenzenlose Erwartung, ein Hoffen, das sich auf ein Absolutes und auf eine Ewigkeit erstreckt, während er doch immer nur in Grenzen, in vergänglicher Zeitlichkeit, in Relativitäten lebt. So bleibt er grundsätzlich und wesentlich unbefriedigt und frustriert. Und falls er sich dies nicht bewusst macht, überträgt er seine tiefsten Erwartungen auf das Gebiet des Materiellen und der Habgier. Endlos sucht er nach materieller Befriedigung aller Gelüste und nach einer irdischen Lebenslust, die ihn letztlich doch nie zufriedenzustellen vermag. So fühlt er sich frustriert, weil er sich täuscht über die Natur seines wirklichen Wohls. Er ist für mehr geschaffen.

Falls er nicht hellsichtig genug ist, kann er sich sogar selbst belügen und sich in der Illusion wiegen, er sei mit sich völlig zufrieden, oder sie sich mit irrigen Mitteln zu verschaffen versuchen. Doch heißt das nicht seine menschliche Existenz zu verfehlen, wenn man einzig für sich selbst zu leben beginnt?

Auch tut einem Heilung not, wenn man sich krank oder leidend fühlt oder in Elend versunken bleibt oder das Leben nur in einer endlosen Folge von Prüfungen und Schwierigkeiten aller Art zu bestehen scheint. Das ist das Heil, das uns die Bibel verspricht, wenn sie sagt, dass Liebe stärker sei als der Tod. Darin besteht das Hoffen: Im Tod machen alle meine Beschränkungen und alle meine Prüfungen der Fülle von Freude und Liebe Platz.

Ich bin überzeugt davon, dass wir uns im ewigen Leben der Fülle und der Schau Gottes erfreuen dürfen. Thomas von Aquin sagt, dass dann Glückseligkeit den Menschen randvoll erfülle. Und ob einer dann nur einen Spottpreis erhält oder „voll ist wie ein Fuder Wein", wie Weinbauern zu sagen pflegen, so wird ein jeder doch randvoll von Glückseligkeit sein. Wenn du nur wenig erwartet und Gott und den Nächsten bloß mit wenig Eifer geliebt hast, wirst du deine Seligkeit doch um einen Spottpreis erhalten. Falls du aber im Gegenteil einen unbegrenzten Durst entwickelt hast und auf dieser Erde eine grenzenlose Leere verspürtest, und du darum deine Liebe mit allem Eifer walten ließest, wirst du mit einer Fülle beschenkt, die dem Maß deines Durstes und deiner Liebe entspricht.

Das christliche Hoffen ist eines, das unserer Erwartung entspricht, und wir werden nicht enttäuscht werden. Einige einfache Vergleiche können das veranschaulichen.

Stellen wir uns vor, eine Radschraube falle aus dem Rad eines Lastwagens, der durch ein primitives Dorf rollt, das noch nie einen Automechaniker gesehen hat. Falls sich dort ein intelligenter Mensch finden lässt, der sich die Schraube genau ansieht, kann er sich gut vorstellen, wie der dazugehörende Bolzen aussehen muss.

Oder stellen wir uns das Wachs vor, von dem man eben den Stempel entfernte. Sobald das Wachs trocken ist, kann ich doch bis ins letzte Detail erkennen, wie der Stempel ausgesehen haben muss.

Gleicherweise können wir uns einen Begriff von Gott machen, wenn wir unsere Erwartungen und unseren Durst nach Liebe bedenken, da uns die Schrift ja sagt, wir seien „Abbilder Gottes". Also können wir etwas von Gott erraten, wenn wir über unsere Sehnsüchte, sozusagen „die Hohlseite" in uns, genau meditieren.

Das Hoffen ist die Gewissheit, dass Gott unsere Erwartungen und all unseren Hunger zu befriedigen vermag und unserem Verlangen völlig entsprechen wird.

Man kann sich zum Vergleich auch einen Steinbruch von herrlichstem Marmor vorstellen. Da sehen wir nur weggesprengte Brocken und unbrauchbare Splitter und Stücke, mit denen man nicht einmal einen Fußboden schmücken will. Weshalb? Weil einen ein Steinbruch doch mit Blöcken beschenkt, aus denen man anderswo herrliche Monumente wie Schlösser oder Kathedralen baut, die eben nicht im Steinbruch selbst entstehen. Sobald hier ein herrliches Stück losgebrochen ist, führt man es zum fernen Bauplatz weg.

Wir alle sind Arbeiter im Steinbruch unseres Lebens. Vielleicht haben wir den Bauplan des herrlichen Gebäudes noch nicht einmal gesehen, das anderswo errichtet wird.

Solange wir dieses irdische Menschendasein fristen, sind wir nur am Schwitzen, während wir die Bauklötze herausbrechen. Das Gebäude entsteht außerhalb unserer Zeitlichkeit, in einem „Jenseits", das man „Ewigkeit" nennt. Die volle Sicht darauf wird uns erst in unserem Tod gewährt, wenn wir die jetzigen Schatten mit dem ewigen Leben vertauscht haben werden. Im Diesseits können wir jene Schönheit kaum erahnen. Man mag versuchen, sie sich vorzustellen, ein Architekt hat uns vielleicht die Baupläne gezeigt, man hat einen Schimmer davon eräugt – doch es im vollen Licht zu genießen ist etwas völlig anderes.

Das Leben ist eine gigantische Werkstatt zur Vorbereitung auf die Fülle der Herrlichkeit. Hoffen heißt also wissen, dass Gott erfüllen wird, was nur Verlangen oder Hohlmaß in uns war. Und das unter der einzigen Bedingung, geliebt zu haben. Auch wenn wir es nur nach bestem Vermögen versucht haben sollten.

Glücklicherweise behauptet die Kirche schon seit Langem nicht mehr, dass nur ihre im Taufbuch verzeichneten und sonntags praktizierenden Gläubigen das Heil erlangen. Denn was ist die geringe Zahl derer, die Bibel, Frohbotschaft und Jesus kennenlernen durften, im Vergleich zu jenen vielen Milliarden Menschenwesen, die unseren Planeten während vieler Jahrtausende bevölkert haben? Das ist ja nur eine winzige Minderheit. Jawohl, der Heilige Geist hat dieses Missverhältnis ausgeglichen, hat im Herzen des größten Agnostikers und des von der christlichen Offenbarung entferntesten Menschen gesprochen. Er bearbeitet das Gewissen eines jeden Menschen, um ihn zum Guten zu stimulieren, wenn er sich zum Bösen versucht fühlt.

Und jeder darf sich in seiner Freiheit, sei sie noch so unentschlossen, jeden Tag neu dazu entscheiden.

Zu dieser Sache kommt mir eine brüderliche Begegnung mit Personen in den Sinn, deren Ansichten den meinen völlig widersprachen.

Es war im Jahr 1942, gerade bevor ich mich der Résistance anschloss. Damals wurde Frankreich von Vichy aus regiert. Ich wurde zum Seelsorger eines ehemaligen Priesterseminars ernannt, das zu Beginn des Jahrhunderts nach den Gesetzen der Antiklerikalen vom Staat konfisziert worden war. Es war in ein ultramodernes Zentrum landwirtschaftlicher Schulung umgewandelt worden und einem Lehrpersonal anvertraut, das die Pfarrer zum Teufel wünschte.

Ich erinnere mich an einen Professor, der die Schüler aus praktizierenden Familien, die von ihren Söhnen den Besuch der Messe verlangten, zur Sonntagsmesse zu begleiten hatte. Während des Gottesdienstes machte er es sich in der Kirche bequem und las demonstrativ die Zeitung.

Nichtsdestoweniger pflegte ich mit einigen Professoren und besonders mit dem Schuldirektor herzliche Beziehungen. Dieser bat mich sogar, sein Enkelkind diskret auf die Erstkommunion vorzubereiten. Oft hatte ich mit dem antiklerikalen Lehrkörper die abenteuerlichsten Diskussionen. Sie hatten ihren Glauben in den technischen Fortschritt der Menschheit investiert. Wegen der christlichen Überzeugung von einer Erbsünde, die die Menschheit verdirbt, hielten sie mich im Gegenteil für einen Pessimisten. Sie jedoch setzten ihren Glauben in den Menschen und erwarteten von ihm recht bald im Zeichen technischen und wissenschaftlichen Fortschritts eine herrlichere Zukunft.

So erklärte ich ihnen: „Ihr tut mir leid, denn obwohl es wahr ist, dass der Mensch dank technischer und wissenschaftlicher Entwicklung materiellen Fortschritt verbucht, sehe ich leider keinerlei moralischen Fortschritt oder größeres Wohlbefinden der Menschheit. Jetzt sind wir doch mitten im Krieg, und der ist weder sauber noch schön. Ich bin davon überzeugt, dass wir das Ende unserer Enttäuschungen über den Menschen des 20. Jahrhunderts noch gar nicht gesehen haben." Ich konnte ja damals noch nicht wissen, dass wir nur wenige Jahre vor der Entdeckung der Gräuel der Vernichtungslager und der Zündung der Atombombe standen.

Ich sagte ihnen: „Ich, der glaubt, dass der Mensch aller Schrecken fähig ist, kann Leute wie Sie nur bewundern, die ihren Beruf verstehen und sich ihm idealistisch verschreiben, aber sicher auch gute Ehegatten und Familienväter sind. Ich bewundere jede noch so kleine und uneigennützige gute Tat. Mit größtem Staunen und Dankbarkeit freue ich mich an der kleinsten farbenprächtigen Blume, die auf dem Misthaufen der Menschheit zu blühen beginnt. Wenn ich von einer Sicht, die ihr ‚pessimistisch' nennt, Abschied nehmen werde, werde ich mein Leben in größtem Jubel beenden, wenn ich dann erfahre, dass trotz dem Bösen in der Welt so viel Gutes zum Blühen kam. Doch ihr, die ihr von vornherein von eurer optimistischen Überzeugung ausgeht, dass der Mensch gut sei, riskiert vielleicht, dass ihr dann mit einiger Enttäuschung zu gestehen habt: Wenn wir die Bilanz menschlichen Fortschritts nicht in Sachen Wissenschaft, sondern in Sachen menschenwürdiger Werte ziehen, mag sie nicht sehr erfreulich sein."

Entweder Absurdität oder Geheimnis

Es gibt Leute, die außerordentlich begabt sein mögen und sich doch für eine spießbürgerliche Existenz entschieden haben. Solche Leute sichern sich nach jeder Richtung hin ab, schließen eine Lebensversicherung ab und sind dann völlig zufrieden mit sich selbst. Um sich nicht zu sehr über die grässliche Welt aufregen zu müssen und sich vor ihr abzuschirmen, suchen sie nach jeder möglichen Zerstreuung oder flüchten sich in Schlaf.

Ich stelle mir einen solchen braven Bürger vor, wie er es sich abends nach einem leckeren Mahl in seinem komfortablen Fauteuil bequem macht, klassische Musik hört oder das Fernsehen genießt, seine Füße in seine wärmenden Pantoffeln gesteckt. Plötzlich wird ihm das Fenster eingeschlagen mit dem Ruf: „Feuer! Feuer! Raus und rette dich!" Doch er schreit seelenruhig zurück: „Zum Teufel mit eurem Lärm! Lasst mich in Ruhe!"

Es gibt solche Leute, die nicht erkennen, in welcher Gefahr sie sich befinden. Sie haben sich völlig ahnungslos in ihre scheinbaren und oberflächlichen Sicherheiten vergraben. Die Feuerwehr mag ihnen zurufen: „Rasch, rasch, auch andere müssen wir retten. Dort zur großen Leiter! Denk jetzt nicht an deine großartigen Titel und an deine Berge von Wertpapieren! Rasch, rasch aus dem Fenster!"

Diese Feuerwehrleute sind die Meister der Hoffnung, die Wächter des Sinnes. Sie heißen Sokrates oder Buddha oder Epiktet oder Jesus und viele andere mehr. Während der ganzen Menschheitsgeschichte haben sie versucht, ihre schlaftrunkenen Zeitgenossen wachzurütteln und sie aus deren Illusionen zur Einsicht in die Notwendigkeit ihrer Rettung und ihres Heils aufzuwecken.

Doch gibt es auch Meister der Hoffnungslosigkeit und der Verzweiflung, Wächter der Absurdität. Ich denke da besonders an Sartre. In seiner Autobiografie *Die Wörter* gesteht er, dass er sein ganzes Leben nur mit dem Zusammensetzen von Wörtern verbracht habe, die keine Spuren hinterlassen. Seine Freundin Simone de Beauvoir schrieb kurz vor ihrem Tod: „Wir hatten uns getäuscht." Getäuscht und angeschwindelt von wem, wenn nicht von sich selbst? Beide waren gewiss voll mutiger Initiativen. Sie bezogen politische Positionen, die denen ihrer bourgeoisen Familien völlig widersprachen. Sie haben vor Gott sicher auch ihre Verdienste. Ich richte sie nicht. Doch waren sie gleichwohl Meister und Lehrer der Hoffnungslosigkeit. Manche ihrer Schüler endeten im Suizid, als sie sich deren Auffassung zu eigen machten.

Auch an Camus denke ich. Wir beide arbeiteten nach der Befreiung Frankreichs eine Zeitlang zusammen für die Zeitschrift *Combat*. Ich schätzte ihn als einen total ehrlichen Menschen. Im Kontakt mit ihm bemerkte man das sogleich. Sein berühmt gewordener Spruch hieß: „Einem Allmächtigen, der kleine Kinder dermaßen leiden lässt, kann ich meinen Glauben nicht schenken."

Im Grunde war Camus ein negativ Desillusionierter, was ein Beweis von Klarheit, Einsicht und Großherzigkeit ist. Leider entdeckte er nie die Hoffnung. Einzig sie hätte ihn zu positiver Desillusionierung geführt. Er blieb wie Sartre, wenn auch ganz anders als jener, ein Erwecker von Absurdität. Er sah das Böse, das in der ganzen Welt und im Herzen des Menschen regiert. Die Liebe jedoch, die Gott auch in die Menschheit eingraviert hat, vermochte er nicht zu sehen – diese geheimnisvolle Liebe, in der verborgen doch das Hoffen gründet.

Während meines Militärdienstes fiel mir ein Blatt in die Hände, das von einem Buch Ernest Psicharis[5] berichtete. Er war der Enkel

---

5 Ernest Psichari, 1883–1914, kath. Schriftsteller, der als Soldat im Ersten Weltkrieg gefallen ist (Anm. d. Übers.)

Renans[6], der im mondänsten Paris sein Leben verbrachte. Mit zweiundzwanzig Jahren unternahm er einen Selbstmordversuch, doch rettete ihn Jacques Rivière, der bekannte Korrespondent Paul Claudels[7]. Als geretteter Reserveoffizier verlangte er, in die Sahara stationiert zu werden. Er hat drei herrliche Büchlein verfasst, das schönste unter ihnen ist *Der Wüstenritt des Hauptmanns*, dessen Lektüre mich erschütterte.

Psichari schildert darin seine Gemütsverfassungen. Eines Nachts, unter dem Funkeln von Myriaden von Sternen in der lichtlosen Wüste, fällt er auf seine Knie und bekennt: „Nein, es kann nicht wahr sein, dass die Lebensstraße ins Nichts führt!" So im Sand hingestreckt, ruft er aus: „Hier, im Protest gegen alle Behauptungen meines Großvaters, quollen aus dem Urgrund meines Ichs die Worte: *Vater Unser, Du bist in den Himmeln!*"

Genau so waren ja schon die Apostel angesichts der tragischen Hinrichtung Jesu mit der Wahl zwischen Absurdität oder Geheimnis konfrontiert.

Das Volk Israel hatte all seine Hoffnung auf einen Messias als Befreier vom Kolonialjoch Roms gebaut. Für seine Jünger war Jesus dieser Messias. Hatte nicht noch seine triumphale Inbesitznahme Jerusalems am Palmsonntag diese Erwartung bestätigt? So zog Petrus sein Schwert am Ölberg gegen den Diener des Hohepriesters, als sie seinen Jesus gefangen nehmen wollten. Jesus verbot es ihm. Tags darauf erklärte er vor Pilatus: „Meine Königsherrschaft ist keine irdische."

---

6 Ernest Renan, 1823–1892, verlor als Seminarist den Jesus- und Gottesglauben beim Lesen des deutschen liberalen Jesuslebens von D. F. Strauss, publ. 1835. Er schrieb 1863 sein eigenes romantisches *Leben Jesu* aus bloß menschlicher Perspektive (Anm. d. Übers.).

7 Paul Claudel, 1868–1955, franz. Dichter und Schriftsteller der kath. Erneuerungsbewegung (Anm. d. Übers.)

Da sind auch diese seltsamen Worte, mit denen Jesus den Aposteln verheißt, dass er zu Verurteilung und Hinrichtung nach Jerusalem hinaufziehe. „Das kommt nicht in Frage!", reagiert Petrus entsetzt, der sich so etwas nicht vorstellen kann. „Weg von mir, du Satan, jetzt denkst du, wie Menschen denken, doch nicht wie mein Gott es will", weist Jesus ihn zurecht. Was für eine bitter notwendige Desillusion für seine Jünger, ihren Befreier und messianischen Retter von den Knechten der Autorität festgenommen zu sehen! Ihn dann am Kreuz im Schandtod verenden zu sehen, ohne dass er auch nur eine Spur seiner Wundermacht gezeigt hätte. Da machten sie sich alle aus dem Staub.

Man muss doch versuchen, sich in Petrus und Judas hineinzuversetzen, so verschieden beide auch sind. Beide jedoch sind gleichermaßen überwältigt und desillusioniert. Während Petrus noch einen kleinen Rest Hoffnung aufbrachte, um seine eigene Desillusion bitterlich zu beweinen, machte Judas angesichts so vieler Absurdität und Entsetzen gemeinsame Sache mit den scheinbar Triumphierenden. Er ergab sich seiner negativen Desillusion, die ihn in die Verzweiflung trieb. Nach seinem Verrat am Freund blieb ihm nur der Suizid.

Im Leben mancher Menschen wechseln sich Hoffnung und Verzweiflung, Licht und Finsternis ab. Ich erinnere mich an den erschütternden Schrei eines Charles Baudelaire (1821–1867), den er an seinen Freund adressierte: „Ich bin wie ein im Wald umherirrender Wanderer, nachts von Gefahren umgeben und finde meinen Weg nicht mehr. Da taucht ferne ein Licht auf, zweifellos das Haus eines Försters, der heimkehrt zu seinem Schlaf. Jetzt bin ich gerettet und weiß, wohin ich gehe. Doch nach einer Weile schon löscht er seine Lampe, und wieder bin ich verloren ohne jegliche Hoffnung."

Der Brief endet mit dem Satz, der mir oft ins Gedächtnis kommt: „Der Teufel hat mir jedes Fenster der Herberge gelöscht."

Den Spruch eines Ministers in Peru kann ich auch nie vergessen. Er war mir ein lieber Freund, berühmter Mathematiker, doch

Agnostiker. Eines Abends beschloss er unsere Unterhaltung mit den Worten: „Wenn man in aller Klarheit sein Leben bedenkt, bleibt einem keine andere Wahl als nur die Alternative: entweder Geheimnis oder Absurdität."

Er war sich wohl bewusst, dass Absurdität nur in Hoffnungslosigkeit führt, während das Mysterium, gründend im Glauben an einen verborgenen Ewigen, der Liebe ist, zur Quelle von Hoffnung werden kann. Er kannte die Freude und den Frieden meiner Wahl. War er vielleicht an der Schwelle, sie auch zu erfahren?

ZWEITES KAPITEL

Gewissheit des Unwissbaren

Vom ererbten zum persönlich verantworteten Glauben

Eines Tages fand ich mich völlig unerwartet zusammen mit dem Autor André Frossard im selben TV-Programm. Er war durch sein Buch mit dem Titel *Gott existiert, ich bin ihm begegnet* publik geworden, das er als Zeugnis seines Gottfindens verfasste. Auch als Verfasser kurzer polemischer Attacken, die er im *Figaro* als Kurzartikel zu veröffentlichen pflegte, erlangte er Bekanntheit.

Im Verlauf unserer Sendung erklärte er: „Ich hatte kürzlich ein seltsames Erlebnis. Ich gehe in eine Kirche, und der Prediger spricht gerade von ‚Gott dem Unwissbaren'. Ich flüchtete aus dem Raum, weil ich meinte, mich in die falsche Kirche verirrt zu haben."

Da unterbrach ich ihn erregt und sagte: „Aber bitte, Monsieur, soll man nun vielleicht das Credo ändern und statt ‚ich glaube' sagen ‚ich weiß'?" Er lächelte bloß, und es kam zu keiner Polemik zwischen uns beiden, denn im Grunde hatten wir beide recht.

Er hatte recht mit seiner Bemerkung, dass es eine bestimmte Art von Gotteskenntnis gibt, doch hatte ich ebenso recht, daran zu erinnern, dass solche Gotteskenntnis keineswegs eine Behauptung „ich weiß" rechtfertigen kann. Glaube ist weder das Resultat eines logisch zwingenden Arguments noch das Ergebnis einer mathematischen Gleichung.

In Wirklichkeit (wie wir später noch sehen werden) gehört er in das Gebiet der Liebe. Wobei Liebe natürlich ein Reflektieren nicht ausschließt. Die Vernunft erwägt die Qualitäten, die Mängel, die Vorteile und Nachteile, falls man sein Leben dieser oder jener Person anzuvertrauen gedenkt. Doch das Resultat solcher Überlegung ist nicht ein rigoroses, automatisches, absolut gültiges wie das einer mathematischen Rechnung. Es kommt ein Moment, an dem man sich zu einem Sprung entschließen muss, was immer die Überlegungen gewesen sein mögen – und dies ist der Akt der Liebe. Wenn ich einen Verliebten frage „Warum liebst du?", wird er mir antworten: „Lass mich in Ruh, ich weiß es selber nicht und habe keine Erklärung dafür – ich liebe, weil ich liebe! Punkt."

Jene Unterhaltung mit André Frossard hat mich dazu veranlasst, mir selber über meine Lebenserfahrung klar zu werden. Ich bin sozusagen als Gläubiger geboren worden dank der zufälligen Tatsache, dass ich in einem gläubigen Elternhaus aufgewachsen bin, in ihm meine Erziehung genoss, die von den Eltern gewählten Schulen besucht und dort meine entsprechenden Studien absolviert habe.

Doch welches waren die verschiedenen Etappen, durch die sich der mir so angeborene Glaube zu meinem persönlich verantworteten entwickelte? Es begann mit jenem rührenden Eifer von Jesusliebe im Herzen eines kleinen Jungen. Und nun hat er zum Glauben eines Erwachsenen geführt, der mir die Fähigkeit schenkt, für all das Verantwortung auf mich zu nehmen, das heute mein ganzes Sein durchwirkt.

Rasch möchte ich diese Etappen überfliegen. Als Kind hat man das Privileg, sich jener inneren Sicherheit zu erfreuen, die ein in die Wiege gelegter Glaube vermittelt. Man fragt nicht nach Beweisen. Als kleiner Knirps bemühte ich mich, „dem Jesuskind Freude zu bereiten". Und das speziell an Weihnachten, da er in der Krippe lag. Wir waren acht Geschwister, und ein jedes hatte sein Schaf mit einem speziellen Farbband an der Krippe. Je nachdem, ob man sich tagsüber artig benommen hatte oder nicht, durfte man sein Schäflein beim Abendgebet näher oder weiter weg von der Krippe platzieren. Recht gut meine ich mich noch daran erinnern zu können, dass ich nach einer meiner Dummheiten mein Schaf in der anderen Zimmerecke unter einem Tisch suchen musste.

Ungefähr so verliefen die Dinge, bis ich mit vierzehn Jahren eine tiefe Krise zu bewältigen hatte. Doch noch zuvor hatte ich zwei

Etappen der Reifung durchlebt, die eine nicht unbeträchtliche Rolle spielten. Ich habe zwar oft davon erzählt, doch sie hier zu übergehen wäre absurd.

Mit sieben oder acht Jahren aß ich einmal heimlich Konfitüre. Als der Mangel entdeckt wurde, verdächtigte man einen meiner Brüder, und ich hütete mich, mich als der wirkliche Täter zu stellen. Als man aber schließlich doch auf mich kam, wurde mir verboten, am nächsten Familienfest draußen am Fluss teilzunehmen. Dieses regelmäßige Treffen mit all unseren sehr wohlhabenden Cousins war immer eine äußerst tolle Sache, denn sie hatten stets die neuesten noch nie gesehenen Spielzeuge. Als am Abend meine Geschwister vom Fest heimkamen, rannte einer meiner Brüder auf mich los und schilderte mit höchster Begeisterung all die tollen Sachen. Doch ich kehrte ihm nur meinen Rücken zu und sagte verächtlich: „Meinst du, es macht mir das Geringste aus, dass ich nicht dabei war?" Ich höre mich noch heute, als ob es erst heute früh geschehen wäre.

Gleich darauf schnappt mich mein Vater beim Ärmel, schimpft nicht mit mir, gibt mir keine Strafe, sondern schiebt mich nur traurig und betrübt in sein Zimmer und sagt bloß: „Ich habe gehört, was du da sagtest. Das ist ja ganz schrecklich. Bist du nur dir selber wichtig? Kannst du die Freude der andern nicht teilen, um selber wieder froh zu werden?"

Da brach plötzlich eine ganze Welt in mir zusammen, um einer neuen und besseren Platz zu machen. Es kam mir vor, als ob ich in einem finsteren Verlies gesteckt und ein Sturm Fensterläden und Fenster weggeblasen hätte, um mir einen neuen Lebenshorizont zu zeigen. Die Trauer und der Schmerz meines lieben Vaters öffneten mir die Sicht auf eine neue Wirklichkeit, die in Liebe und Güte und miteinander Teilen besteht. Bist du glücklich, so bin ich es auch, doch wenn es dich schmerzt, tut es auch mir weh."

Diese Anekdote hat mich stark geformt. Ebenso eine zweite ein paar Jahre später. Eines Sonntagmorgens lud unser Papa einen meiner Brüder und mich ein, ihn zu begleiten. Wir hatten ihn jeden Sonntagmorgen verschwinden gesehen, doch nie gewusst, wohin er ging. Wir kamen mit ihm in einer der schmutzigen und verwahrlosten Lyoner Vorstädte in ein Lokal, in dem sich an die vierzig verlauste Bettler, Landstreicher und Tagediebe einfanden, sowie fünf oder sechs bessere Herren, alles Freunde unseres Vaters und gutbürgerlich wie er selber, Geschäftsleute und ein pensionierter General. Niemand von ihren Familien hatte eine Ahnung von dem, was diese Herren allsonntäglich betrieben. Sie hatten eine Vereinigung gegründet, die sie verpflichtete, sich dieser verkrachten Existenzen anzunehmen. Sie schnitten ihnen die Haare, rasierten sie und besorgten die Wäsche, die sie am nächsten Sonntag fein säuberlich gewaschen und gebügelt mitbrachten, natürlich mit einer finanziellen Zuwendung. Den Arbeitslosen unter ihnen suchten sie wenn möglich aus der Klemme zu helfen, doch die meisten hatten keinerlei Verlangen, ihr Bummlerleben und ihre Gönner einer bezahlten Arbeit halber zu verlieren. Mein Vater musste sich von einem seiner groben Kunden, den er vielleicht beim Haareschneiden versehentlich gezwickt hatte, anschnauzen lassen. Da sagte er uns auf dem Heimweg: „Da seht ihr, wie schwierig es ist, sich zum Diener dieser Leute zu machen." Auch diese Begebenheit verfolgt mich seither mein ganzes Leben lang.

Es ist klar, dass solche Anekdoten Einfluss hatten auf meine Berufung, die ja wesentlich im Dienst an meinen ärmsten Mitmenschen bestehen sollte.

Dann kam die Pubertät, und eine simple Überlegung drängte sich mir auf: „Du engagierst dich für eine bestimmte Zukunft bloß, weil du in einer wohlhabenden katholischen Familie aufgewachsen bist. Wärest du in einer areligiösen oder ungläubigen, in einer islamischen oder jüdischen oder indischen Familie aufgewachsen, würdest du dich eben für ein anderes Leben entscheiden. Solange du also deinen Christenglauben nicht persönlich erforscht hast – was gibt dir denn die Gewissheit, dass er der richtige ist?"

Von diesem Augenblick an verschlang ich an Lektüre alles, was mir nur in die Hände kam. Ich suchte nach Wahrheit, debattierte mit dem einen oder anderen, doch ganz diskret, ohne die innere Qual zu zeigen, unter der ich litt. Eine Zeitlang ließ ich mich von den mehr oder weniger zum Pantheismus neigenden deutschen Dichtern und Denkern verführen.

Unbeabsichtigt war das der Auslöser für meine persönliche Glaubensüberzeugung. Da las ich zufällig – nicht in der Bibel, sondern sonstwo – die Geschichte von Mose und dem brennenden Dornbusch (Ex 3). Mose, dieser einfache, aus Ägypten geflüchtete Hirte, fragt eine mysteriöse Stimme: „Und was antworte ich dann, wenn man mich fragt, wer mich denn zum Befreier meines Volkes berufen habe?" Die Stimme sagt – und das war die erste große Erschütterung meines ganzen Wesens: „Geh und sag ihnen, DER ICH BIN hat mich beauftragt."

Dieses ICH BIN packte mich in meiner damaligen adoleszenten Verstörung und stand da wie ein Felsblock. Das war ein so einfacher und mächtiger Begriff, dass er mich geradezu blendete. Von jenem Augenblick an überwältigte mich die Vorstellung der Gottheit als etwas Präzises, Reines, alles Begründendes. All meine schwimmenden Gedankenfluten waren mit einem Streich weggewischt. Von da an trug ich in mir die Gewissheit, dass das Leben, in das ich mich geworfen fand, nicht eine ziellose Wegstrecke sein konnte, sondern schließlich zu einer Begegnung führen musste.

Ich forschte indessen weiter nach. Mehrmals hatte ich Perioden von Krankheit zu durchstehen, während derer ich sogar meine Studien unterbrechen musste.

Gerade bevor ich die letzte Gymnasialklasse erreichte, wurde ich Opfer der Blutarmut. Sechs Monate am Meer und drei Monate in den Bergen wurden mir als Kur verschrieben. Die Krankheit kostete mich ein volles Studienjahr, doch sie trug sehr stark zu meiner Reifung bei.

Bei den Pfadfindern gab man mir den Namen „Meditierender Biber". Seltsam, dass junge Teenager, die um das Lagerfeuer hockten und vorgeschlagene Totemnamen guthießen oder verwarfen, genau diese beiden Bezeichnungen für mich wählten. Der Biber ist das Tier, das sich ein Haus baut, während ich ein Leben lang für menschenwürdiges Wohnen kämpfen sollte. Und Meditation war tatsächlich einer meiner Charakterzüge. Meditation und später Anbetung haben immer meine ganz praktische Handarbeit wie das Bauen von Unterkünften etc. begleitet.

Ein weiteres unvergessliches Ereignis hat sodann mein Leben erschüttert. Bei der Rückkehr von einer Pilgerfahrt nach Rom während meiner Gymnasialzeit besuchten wir Assisi. Dort stiegen wir an die zehn Kilometer in die Berge zu einem Kloster, das Carceri heißt. Franziskus hatte dort mit seinen ersten Gefährten oft Tage und Wochen in der Einsamkeit der Berge verbracht, um in den Grotten zu beten. Nach seinem Tod hat man dann ein herrliches, an den Berg gelehntes Kloster erbaut.

Nachdem uns ein Mönch das Leben des heiligen Franz erzählt hatte, trennte ich mich von meiner Schar und ging ganz allein die lange Allee hin und her. Damals erlebte ich intuitiv, wie man anbetend sowohl den Absoluten berührt, als auch eine totale Vereinigung mit der ganzen Natur und Menschheit erlebt. Zugleich entdeckte ich, inspiriert vom Leben des heiligen Franziskus, dass Anbetung ein Quell außerordentlicher Aktion sein kann – einer konkreten und realistischen Aktion, wie in den Dramen des damaligen Feudalzeitalters geschildert. Burgherr kämpfte gegen Burgherrn, und jeder mobilisierte seine Leibeigenen und Untertanen, um seinen Nachbarn zu bekriegen und um einander um einer Bagatelle willen abzuschlachten. In diesem historischen Kontext gründete Franziskus seinen Dritten Orden für Laien, an dessen Ursprung die Wehrpflichtverweigerung aus Gewissensgründen stand. Seine Mitglieder legten das Gelübde ab, ihren Herren die Waffengefolgschaft zu verweigern. Das war einer der Gründe für die rasche Ausbreitung des Dritten Ordens, der sich dem Pazifismus verschworen hatte. Es war ihr einziges Mittel, um sich von ihren skrupellosen Herren zu befreien.

Nach unserer Heimkehr von Assisi hatte ich – erneut von meiner Krankheit gepackt – das Glück, die umfassende historische Dokumentation der Franziskusbewegung zu entdecken. Deren Lektüre, bereichert durch mein eigenes Assisi-Erlebnis, verhalf mir zur Entscheidung meines Lebens. Persönlich besuchte ich die beiden französischen Hauptlinien der Franziskanischen Bewegung, die Kapuziner und Franziskaner. Letztere lebten zerstreut in Mietwohnungen in kleinen Gemeinschaften, während die Kapuziner einen sehr traditionellen monastischen Lebensstil pflegten und sehr viel härter und asketischer lebten. Sie schliefen in ihre Kutte gekleidet barfuß auf einem Brett, wurden um Mitternacht zum Chorgebet geweckt, verbrachten eine Stunde mit Psalmengesang und eine weitere im Finstern mit Anbetung. Ich erklärte meinen Eltern, dass ich im kommenden Jahr nach Beendigung meiner Gymnasialzeit ins Noviziat der Kapuziner eintreten wollte. Sie empfanden meinen Entschluss als eine Prüfung, doch weil sie tiefgläubige Katholiken waren, empfanden sie doch einigen Stolz, einen Priester zum Sohn haben zu dürfen, wie sie mir gestanden. Trotzdem hätten sie mich lieber als Dominikaner oder Jesuiten gesehen. Das sind zwei Orden, die ihre Mitglieder je nach Begabung zu Gelehrten oder Spezialisten ausbilden, während die Kapuziner als ein volkstümlicher Orden gelten, der mehr Zeit für die Anbetung als für das Studium verwendet. Mit neunzehn Jahren begann ich also im Jahr 1931 das Noviziat.

Ich hatte eine gute Freundschaft mit Tho Morel, einem Schulkollegen aus dem Gymnasium, gepflegt, der später einer der Helden der nationalen Widerstandsbewegung der Résistance wurde. Als er hörte, dass ich Kapuziner werde, wollte er meiner Einkleidung beiwohnen. Doch verspätete er sich und fand unsere Kapelle leer. Enttäuscht bat er den Novizenmeister, mich sehen zu dürfen. Wir trafen uns im kleinen Sprechzimmer, wo ich Zeuge einer außergewöhnlichen Szene wurde. Mein Freund, der später Kämpfer der heroischen Widerstandsbrigade *Maquis des Glières* wurde, dann einem gemeinen Hinterhalt zum Opfer fiel und zur Ehre Frankreichs sein Leben gab, explodierte vor Zorn. „Aber Henri (mein Taufname) – das bist doch nicht du! Die Haare zur Tonsur geschoren wie ein Sträfling, barfuß – da wirst du wieder krank, du mit deiner anfälligen Gesundheit. Und in was für einen Sack hat man dich verpackt, um dich zu vermummen! Zieh dich schleunigst um und komm mit mir!"

Ich ließ ihn seinem Ärger Luft machen, und wir blieben eine volle Stunde beisammen. Schritt für Schritt erklärte ich ihm meine Motivation und die Entstehungsgeschichte meiner Berufung. Er verstand nichts davon, doch gab er sich schließlich geschlagen und nahm friedvoll Abschied. Er nahm ein Geheimnis mit sich, dem sein Verstehen nicht gewachsen war.

Nach einem Noviziatsjahr und dann als Student der Philosophie und Theologie verbrachte ich insgesamt sechseinhalb Jahre im gleichen Stil: barfuß auf einem Brett schlafend, allnächtlich um Mitternacht für eine Stunde Psalmengesang und eine weitere für Anbetung geweckt.

Heute darf ich sagen und mit Sicherheit bekennen, dass alles Positive in meinem Leben die Frucht dieser Klosterjahre war. Ich trage die Gewissheit in mir, dass ohne die Vorsehung, die mich in diese Jahre der Anbetung geführt hat, nichts von dem zustande gekommen wäre, was ich in der Folge leisten durfte.

Nach meiner Priesterweihe durfte ich mehrere Monate am Institut Catholique in Lyon einige Kurse besuchen. Einer meiner damaligen Lehrer war Henri de Lubac. Er war es, der auch bei meiner Primiz assistierte, und er blieb bis zu seinem Tod, kurz nachdem er 1983 zum Kardinal erhoben worden war, mein Seelenführer.

Im Jahr nach meiner Weihe wurde ich wieder von meiner Krankheit heimgesucht, und die Ärzte verschrieben mir Gebirgsaufenthalt.

De Lubac und andere rieten mir, Rom um Dispens vom Orden und einen der Bischöfe der Gebirgsbistümer um Eingliederung in dessen Diözesanklerus zu bitten. Ich erhielt Dispens, und der Bischof von Grenoble nahm mich in sein Presbyterium auf. Das ist nun sechzig Jahre her, und er ist seither mein kirchlicher Vorgesetzter. Ich wurde dann natürlich eine Wildgans und habe seither nur sehr wenig Zeit in meinem Bistum verbracht …

Als Krieg und Niederlage kamen, lag ich mit Brustfellentzündung im Krankenhaus, sodass ich am zuweilen heroischen Zusammenbruch 1939/40 nicht teilnehmen konnte.

Als ich wieder einigermaßen hergestellt war, ernannte mich der Bischof zum Domkaplan in Grenoble. Ein weiteres Blatt in meiner Lebensgeschichte wurde mit meinem Eintritt in die Résistance, den nationalen Widerstandskampf, aufgeschlagen. Das geschah tatsächlich nicht aus einem politischen Motiv heraus, sondern wegen der rassistischen Verfolgung der Juden, von der ich zu Beginn dieses Buches gesprochen habe. Als die Befreiung kam, wurde ich zum Abgeordneten gewählt, und damals wurde, wie oben geschildert, meine Emmaus-Bewegung geboren.

So hat sich von Stufe zu Stufe mein naiver Kinderglaube in einen persönlich verantworteten gewandelt, der zum tragenden Motiv der wichtigsten Entscheidungen meines Lebens wurde.

Wenn ich jetzt auf diese lange Reise zurückschaue, darf ich gestehen, dass mein Leben in erster Linie ein Leben des Glaubens war. Eines Glaubens, der von Liebe untrennbar ist, wie ich im Folgenden zu erklären versuche.

Was heißt glauben?

Der Titel dieses zweiten Teils, „Gewissheit des Unwissbaren“, mag überraschen. Doch wenn man die gelebten Glaubenswirklichkeiten näher bedenkt, erstrahlt diese Gewissheit in einem überwältigenden Licht.

Nehmen wir zum Beispiel Therese vom Kinde Jesu: Leidend und dem Tode nahe wurde sie in der Krankenabteilung ihres Klosters in Lisieux gepflegt. In schlaflosen Stunden komponierte sie gern Liedstrophen und kritzelte sie auf kleine Papierfetzen. Als ihre Pflegeschwester eines Tages einige dieser Kritzeleien entzifferte, sagte sie: „Schwester, dass Ihnen ein so großer Glaube und solche Gottesliebe geschenkt ist, dass er Sie so herrliche Dinge schreiben lässt!“ Da murmelte die Sterbende nur: „Schwester, ich besinge bloß, was ich gerne glauben würde.“

Der Glaube ist die Gewissheit einer nicht evidenten Realität. Um das zu verstehen, wollen wir ihn mit der Liebe vergleichen.

Zwei Menschen, die miteinander das Leben teilen, mögen sich ihrer gegenseitigen Liebe völlig gewiss sein, trotz zuweilen von Müdigkeit und Ärger geprägter und schwieriger Zeiten. Solche Gewissheit kann nicht bewiesen werden, und doch ist sie innerlich erfahrbar. Das ist genau bei der heiligen Therese der Fall. Sie besingt in ihren kleinen Liedlein die Gewissheit ihres Glaubens, von Gott geliebt zu sein, während dieser gleichwohl ihr unwissbares Geheimnis bleibt.

Eines Tages sagte mir einer meiner zahllosen Neffen: „Onkel, wie kann man sich denn das vorstellen, dass Gott sich um einen jeden von uns kümmern soll? Jetzt sind wir doch schon sechs Milliarden Menschen auf Erden – wie stellt er das denn nur an?“ Ich gab ihm zur Antwort: „Gott IST. Gott umfängt uns, und wir haben unsere Existenz ja nur deshalb, weil Er bei uns ist. Weil Er will, dass wir seien, deshalb sind wir. Wollte Er das nicht länger wollen, so wäre es mit unserer Existenz zu Ende. Die Atmosphäre, die Luft, die uns umgibt und jedes Lebewesen am Leben erhält, ist doch ein guter Vergleich für das Geheimnis, das wir ‚Gott' nennen: Er ist wie sie überall. Er ist wie sie in allem. Alles ist nur dank Ihm und in Ihm, und doch bleibt Er unwissbar."

Ein weiteres Beispiel: Man hat oft über François Mitterrand[8] gerätselt seit der Zeit, da er 1981 die große politische Verantwortung als Präsident übernahm, und besonders seit er gestorben ist. Glaubte er an Gott oder glaubte er nicht? Er zeigte es nicht und ging nie zur Messe, wie etwa ein de Gaulle. Man wusste zwar, dass er eine christliche Erziehung genossen und dass er Schüler katholischer Schulen gewesen war. Mit zunehmendem Alter ließ er zuweilen kurze belanglose Worte fallen, die doch zeigten, dass er sich über ein Jenseits Gedanken machte.

Mehrere Male hat er mit mir seine Gedanken über den Tod ausgetauscht. Diese Frage war – wie alle seine Freunde wissen – die große Frage seines Lebens. Sie hatte nichts mit Todesfurcht zu tun. Es war bloß die große Neugier eines hochkultivierten wissenschaftlichen und philosophischen Geistes, eine nimmermüde Neugier in Bezug auf alles und jedes. Er wünschte bei vollem Bewusstsein zu sterben. Man hat mir versichert, dass er am Ende jede Medizin oder Droge verweigerte, weil er sein Leben nicht künstlich zu verlängern wünschte. Als einer seiner Freunde ihm die Frage stellte: „Was wirst du denn dem Petrus sagen, wenn du an sein Tor gelangst?", antwortete er: „Er wird mir dann sagen: ‚Jetzt weißt du's!'"

Ist das nicht der Gedanke eines ans Jenseits Glaubenden? Dann werde ich wissen, was ich jetzt noch nicht weiß. „Ich werde wissen" setzt doch eine Weiterexistenz voraus, damit mir dann Kenntnis der

---

8 François Mitterrand, 1916–1996, Staatspräsident von Frankreich von 1981 bis 1995 (Anm. d. Übers.)

letzten Wirklichkeit geschenkt werden kann. Mit anderen Worten: Solange ich in den Schatten dieser Zeitlichkeit gefangen bin, kann ich mich gewiss meiner hiesigen Gewissheiten erfreuen, doch beziehen sie sich auf Unwissbares.

Während meiner letzten Unterhaltung mit ihm, die drei Stunden dauerte, fragte er mich: „In Ihrem so langen und so ereignisreichen Leben mit seinen Härten und Freuden: Haben Sie da nie Glaubenszweifel gehabt?" Ich antwortete ihm, dass ich als sechzehn- und siebzehnjähriger junger Erwachsener wohl alles total bezweifelte und in Frage stellte, was man mir beizubringen versuchte. In der Folge jedoch verjagte der Glaube jeden Zweifel. Doch trotz dieses Sieges über den Zweifel hätte ich mein Lebtag nie aufgehört, mich dem Bündel meiner unablässigen Fragen zu stellen.

Wenn meine Gefährten auf den Glauben zu sprechen kommen, kommt es oft vor, dass sie mich fragen: „Was ist denn ‚Gott'"? Gewöhnlich gebe ich ihnen in etwa zur Antwort: „Erinnere dich daran, wie du eines Tages todmüde zu uns heimkamst. Es war frostig kalt, du hattest nichts im Magen und brachtest für unsere Emmaus-Gemeinschaft auch gar nichts mit. Den ganzen langen kalten Tag hatten wir mit dem Tapezieren einer kläglichen Mansarde verbracht, um für ein paar verlotterte Greise eine einigermaßen bewohnbare Unterkunft herzurichten. Bei der Heimkehr sagtest du mir: ‚Pater, das war ein glücklicher Tag!' Und jetzt kannst du mich noch fragen, was Gott sei! Hast du denn jenen Freudentag vergessen, eine so eigenartige, von den gewöhnlichen Vergnügungen so völlig verschiedene Freude, die du an jenem Abend verspürtest? Damals hast du das herrlichste Geschenk erlebt, das einem Menschen zuteilwerden kann. Theologen geben ihm den Namen ‚Gabe der Weisheit'; das heißt nicht etwa, dass man keine Dummheiten mache. Das Wort ‚Weisheit' (im Französischen *sagesse*) kommt vom lateinischen Wort ‚sapere', und dieses Wort heißt ‚verkosten' oder ‚gustieren'. In jener Stunde hast du nämlich gekostet, wie herrlich es ist, jemandem Liebe zu schenken. Damals bist du deinem Gott begegnet, der in deinem Herzen sein Lied gesungen hat. Du kannst ganze theologische Bibliotheken studieren und deinen Kopf mit Ideen über Gott füllen, doch würdest du Ihn noch ganz und gar nicht kennen. In der Erfahrung jener eigenartigen Freude, einer unbeschreiblichen und unsagbaren, hast du jedoch deinen Gott *gekostet*. Nach der christlichen Botschaft gibt es keinen Unterschied zwischen Glauben und Lieben, denn der christliche Gott ist die Liebe selbst."

Ich glaube nicht an Gott. Hingegen glaube ich, dass Gott Liebe ist, *trotz allem*, was dem zu widersprechen scheint. Sein Sein selbst ist Lieben. Die Liebe ist sozusagen seine Substanz. Das ist auch der Grund, weshalb ich meine, die einzige fundamentale Kluft, die die Menschheit in zwei Lager trennt, verlaufe nicht zwischen denen, die man „Gottgläubige", und jenen, die man wie sie sich selber „Ungläubige" nennt. Sie verläuft vielmehr zwischen egozentrischen „Selbstanbetern" und den solidarisch sich verschenkenden „Gemeinschaftsmenschen", die sich anderen zur Verfügung stellen. Das heißt zwischen solchen, die der Not ihrer Mitmenschen den Rücken kehren, und jenen, die kämpfen, um sie davon zu befreien. Zwischen solchen, die lieben, und denen, die ihr Herz verschließen. Nie werde ich Michel Coluche[9] vergessen können. Ein paar Monate vor seinem frühzeitigen Tod trafen wir uns bei der „Aktion für die Hungernden". Ich feierte auf Verlangen seiner Mutter seinen Trauergottesdienst. Die Jugend trauerte um ihn dankbar, dass er unsere selbstsüchtige und hochnäsige Gesellschaft wirkungsvoll entlarvt hatte. Er war ein Zeuge, der unsere kollektive Heuchelei denunzierte und zur Tat schritt. Er war ein echter „Gemeinschaftsmensch", ein sich solidarisierender „Mann für den Nächsten".

---

9 Michel Coluche, 1944–1986, populärer Fernsehentertainer, Gründer der französischen Aktion „Restaurants du Coeur", die Wikipedia zufolge noch im Jahr 2008, also zwanzig Jahre nach dem Tod des Gründers, mithilfe von 40.000 freiwilligen Helfern sechzig Millionen kostenlose Mahlzeiten an hungernde Einkommenslose verteilte, also im Schnitt täglich an die 180.000 (Anm. d. Übers.).

Besteht nicht die übergroße Zahl der scheinbar „Ungläubigen" bei uns aus Menschen, die im Gottesbild der „Gläubigen" nur ein falsches Bild zu sehen bekommen? Die Gotteslästerungen, die massenweise von der Erde zum Himmel geschleudert werden, richten sich oft nicht an den wirklichen Gott, den Gott der Liebe. Sie werden falschen Göttern entgegengeschleudert, den Götzen unserer Egoismen, unserer Heucheleien, unserer politischen Interessen.

Die einzige wirkliche Blasphemie ist die gegen die Liebe. Es ist gut, uns die Seligpreisungen des Evangeliums in Erinnerung zu rufen, die zu den kraftvollsten Jesusworten gehören. Wir können sie nie genug meditieren.

Da stieg er angesichts der Volksmenge auf einen Berg.
Er setzte sich und lehrte sie und sagte:
Glücklich jene Menschen, die ein armes Herz haben!
Denen gehört das Königreich.
Glücklich jene, die herzlich und voll Güte sind!
Ihnen wird das Land geschenkt werden.
Glücklich, die jetzt trauern! Dann werden sie ihren Trost erfahren.
Glücklich, die voll Hunger und Durst nach mehr Gerechtigkeit sind!
Sie werden dann satt werden.
Glücklich alle, die Barmherzigkeit üben!
Sie werden selber Erbarmen finden.
Glücklich jene mit reinem Herzen! Die werden Gott schauen dürfen.
Glücklich, die Frieden zu bauen verstehen!
Man wird sie als Gottes Söhne ehren.
Glücklich, wer um der Gerechtigkeit willen verfolgt ist!
Das Königreich gehört ihnen.
Jawohl, glücklich seid ihr, wenn sie euch verfolgen und schändlich behandeln, weil ihr mir treu bleibt, dann freut euch und tanzt vor Jubel, denn eure himmlische Vergeltung wird überreich ausfallen.
Das ist genau so, wie sie die alten Propheten behandelt haben. (Mt 5,3–12)

Seit langer Zeit habe ich diese Botschaft immer wieder meditiert. Es sind fünfzehn Jahre her, dass ich zu einer Jugendfeier in der Arena in Verona in Italien eingeladen wurde. Jesu Seligpreisungen waren auf riesige Spruchbänder geschrieben. Während ich auf meinen Auftritt wartete, hatte ich genügend Zeit, diese acht Proklamationen wieder und wieder zu lesen. Da entdeckte ich plötzlich zu meinem Erstaunen zum ersten Mal, dass sie alle im Futur verfasst sind, nur die erste und die letzte stehen im Präsens. Die erste: *Glücklich die mit armem Herz, denn ihnen gehört die Himmelsherrschaft.* Die letzte: *Glücklich, wer Verfolgung leidet um der Gerechtigkeit willen, denn schon haben sie die Herrschaft des Himmels.* Das ist also nicht mehr bloße Vertröstung auf die Zukunft, nein, diese himmlische Herrschaft ist ja schon da!

„Arm im Geist" – was soll denn das schon heißen? Sicher nicht, all sein Vermögen zu verteilen, wie ein Franziskus es getan hat. Das heißt doch heute: Ob ich Staatsoberhaupt oder Firmenboss oder Gewerkschaftssekretär oder Schullehrer bin, habe ich mich abends zu fragen: „Wie bin ich heute mit meiner Verantwortung umgegangen, wie habe ich meine soziale Stellung ausgefüllt? Was habe ich mit meiner Bildung, meinen Talenten, meinem Wissen angefangen, um den Schwächsten und Mittellosesten unter meinen Mitmenschen zu Hilfe zu kommen und um meine Gaben in sie zu investieren?" Wer solche alltägliche Gewissenserforschung hält, der ist „arm im Geist", der hat sein Herz bei den Armen.

Auch die letzte der Seligpreisungen will nicht sagen, dass man sich für das Martyrium bereitmachen müsse. Sie besagt, dass an jenem Tag, da drei Menschen sich zusammenfinden und der Mächtigste der drei den Schwächsten zu demütigen und auszubeuten beginnt, der Dritte zwischen die beiden tritt und ihm erklärt: „Das kannst du dir nicht leisten, ohne dass du mir mein Leben nimmst!" Da beginnt Gott zu herrschen hier auf Erden.

Gott sei Dank sind doch viele, die behaupten, mit Religion nichts zu tun haben zu wollen, in Wirklichkeit „Söhne Gottes", weil sie

Machtlose vor den Machthabern in Schutz nehmen. Selbst wenn sie weder mit Pfarrern noch mit Kirche noch mit dem Credo etwas anzufangen wissen, aber ihr Leben für die Verteidigung der Würde und der Rechte der gesellschaftlich Schwächsten einsetzen, dann sind gerade sie es, die das Himmelreich auf Erden bauen. Das ist das Evangelium, und darin besteht alle christliche Ethik.

Oft liegt es leider an der Unfähigkeit der Kirchenvertreter und derer, die sich „Gläubige" nennen, dass sie den Gott der Liebe weder plausibel noch glaubwürdig zu machen verstehen. Liegt der Grund dafür nicht oft darin, dass wir über unserem Eifer für die wahre Lehre und für die exakte Glaubensaussage vergessen, das erste aller Gebote, das Wesen der Christusbotschaft, zu leben und zu praktizieren: „Liebt einander, wie ich es getan habe"?

Wenn wir unseren Jesusglauben nicht in Liebe leben, ist er bloß ein erloschener Leuchtturm. Das ist doch das Herzstück der Botschaft Jesu Christi, das Paulus in seinem Hohelied besingt:

Ich mag alle Sprachen auf Erden wie im Himmel sprechen,
doch wenn ich keine Liebe habe,
bin ich nichts als eine klingende Schelle
oder tönendes Blech.

Wenn ich auch die Prophetengabe hätte
und um alle Mysterien wüsste,
aller Glaubenskenntnisse mich erfreute
und Berge zu versetzen vermöchte in seiner Kraft,
aber keine Liebe hätte, so wäre ich nichts.

Würde ich auch meine ganze Habe an Habenichtse verteilen
und meinen Leib als Blutzeuge zum Verbrennen hingeben,
hätte aber keine Liebe, was würde das nützen?

Liebe ist langmütig und dienstfertig;
in ihr hat Eifersucht oder Überheblichkeit oder Stolz
keinen Platz.

Liebe sucht nicht ihr eigenes Interesse,
sie verachtet Zorn oder Groll,
und hat keinerlei Freude an Ungerechtigkeit.

Doch sie freut sich an jeder Wahrheit,
findet immer wieder Entschuldigung,
hat Vertrauen in jedermann,
erhofft alles Gute
und kann alles ertragen.

Denn Liebe hört nie auf.
(1 Kor 13,1–8)

Drei Gewissheiten

Das Wesentliche meines Glaubenslebens beruht, trotz der Entsetzlichkeiten, die uns allen so zu schaffen machen, auf drei Gewissheiten.

Das erste Fundament meines Gottesglaubens ist die Gewissheit, dass der Ewige die Liebe selbst ist. Das zweite die Gewissheit, dass Er mich liebt. Das dritte die Überzeugung, dass die Freiheit dem Menschen zu keinem andern Zweck geschenkt ist, als uns zu befähigen, auf die Liebe Gottes zu uns mit unserer eigenen Gegenliebe zu antworten.

Ich erinnere mich an eine Anekdote: Vor etlichen Jahren hatten meine Freunde beschlossen, über unsere Winterhilfsaktion 1954 einen Film zu drehen. Der Produzent, der das Erbe seines eben verstorbenen Vaters übernommen hatte, sagte mir: „Jetzt kommt das Filmfestival von Cannes. Wir wollen diesen Film für das Festival produzieren, doch fehlt uns das Geld dazu. Sie würden uns einen großen Dienst leisten, wenn Sie persönlich zum Festival kämen. Aus aller Welt kommen die Produzenten jeweils nach Cannes, um neue Ideen zu konzipieren. Wenn der Fernsehmoderator Yves Moroussi Sie zwei Minuten lang im TV Journal interviewen dürfte, wäre Abbé Pierre mit einem Schlag allen Filmproduzenten bekannt, und wir hätten nur noch die Qual der Wahl!"

Natürlich ging ich nach Cannes. Als ich dort eintraf, war die Nachrichten-Kamera des TV-Programms *Vingt heures* schon auf einem Schiff montiert. Wie ich aufs Schiff kletterte, flüstert mir ein Freund zu: „Sie haben Pech. Drei nationale Filmstars sind schon drin, und die werden wohl zum gleichen Interview geladen. Einer davon ist ein bekannter Pfaffenfresser. Da kann man jetzt schon sehen, dass es für Sie nicht sehr lustig wird!"

Ich steige hinauf, und Moderator Moroussi stellt uns dem Fernsehpublikum vor. Die drei Stars debattieren über den Film *Sous le Soleil du Satan / Unter der Sonne Satans*. Maurice Pialat, das „Großmaul Pfaffenfresser", ist dabei. Der Moderator wendet sich schließlich an mich: „Ah, Abbé Pierre, Sie kommen auch zum Filmfestival?"

Ich antwortete mit aller Kraft, wie ich es noch heute empfinde: „Jawohl, denn wenn man älter wird, hat man das Empfinden einer inneren Stimme, die einem sagt: ‚Bevor du für immer gehst, sag noch, was du weißt!' Was ich weiß, ist, dass unser Leben unserer Freiheit anvertraut ist; wenn du willst als eine hiesige Lehrzeit, um lieben zu lernen, für die Begegnung im Jenseits mit dem Ewigen, der die Liebe ist …" Völliges Schweigen. Da brüllt plötzlich der schreckliche Pialat: „Warum hat man mir das nie gesagt, als ich noch ein Kind war?" Das war ein großartiges Ereignis!

Man lehrt uns eine Unmenge Glaubenssätze. Vielleicht helfen sie uns. Aber gezwungen, sie auswendig zu lernen, vergisst man sie ebenso rasch. Umso eher, als wir allzu oft die Dinge gar nicht verstehen, die uns auf solche Weise eingetrichtert werden. Am Tag nach der Sendung, als Pialat seinen Schrei ausgestoßen hatte, plauderte er mit Journalisten über seine katholische Erziehung. Er sagte, man hätte über Teufel und Hölle gesprochen und ihm dabei eingeschärft: „Sei brav, sonst straft dich der liebe Gott!" Er behauptete, noch nie etwas von einem „Gott, der Liebe ist und der uns Freiheit schenkt" gehört zu haben. Darum sein Schrei: „Warum hat man mich dies nie gelehrt?"

Und doch ist dies ja das Grundgesetz des christlichen Glaubens, wenigstens soviel ich von der Lektüre der Frohbotschaft gelernt habe. „Gott ist Liebe" ist doch das Leitmotiv des Neuen Testaments. Er ist unwissbar, und man weiß nichts von Ihm, außer dass Er Liebe ist und sich an uns verschenkt. Doch jedes Mal füge ich hinzu: „Gott ist *trotzdem* Liebe!" Nämlich *trotz* aller Entsetzlichkeiten, *trotz* der ungeheuren Quälereien von so vielen Männern und Frauen und Kindern, *trotz* aller monströsen Kriege und schrecklichen Epidemien: Ja, ich glaube, dass Er *trotzdem* nichts als Liebe ist.

Meine zweite Gewissheit ist, dass Er uns *trotzdem* liebt. Das Evangelium hört nicht auf, uns daran zu erinnern: „Denn Gott hat die Menschenwelt so sehr geliebt, dass Er uns seinen Sohn gesandt hat, damit unsere Welt durch Ihn ihr Heil finde" (Joh 3,16). Sein ganzes öffentliches Wirken lang hat Jesus jedermann geliebt, dem er begegnete: Petrus, Johannes, Natanael, die Zwölf, die ortsbekannte Sünderin, Maria von Magdala, Zachäus, die Frau in Samaria, den Gelähmten am Teich Betesda, die Witwe in Naim, den römischen Hauptmann, Nikodemus. Selbst Judas hat er geliebt und nennt ihn noch „Freund" beim Verräterkuss.

Christus hat uns in seiner Person und durch sein Leben geoffenbart, dass sein Gott ein *Abba*, ein Vater ist, der jedes seiner Kinder ohne Maß gern hat, wie störrisch auch immer sie sich verhalten. Selbst als Sünder, selbst als Rebell, selbst in Bosheit versunken bleibt jeder Mensch von seinem Schöpfer-Gott geliebt, denn Liebe kennt keine Grenze, sondern sie verschenkt sich unaufhörlich. Nur der Mensch kann sich in seiner Freiheit solcher Liebe verschließen und eine Wand gegen dieses immerwährende strahlende Licht errichten.

Hat nicht Pascal so unübertrefflich gesagt: „Gottes Licht ist immerdar stark genug für den, der glauben möchte, damit er es vermöge; und Gottes Dunkelheit ist genug für den, der sich weigert zu glauben, damit er sich nicht zu glauben gezwungen fühle"?

Liebe setzt absolute Hochachtung vor der Freiheit meines Nächsten voraus. Würde ich gezwungen zu lieben, wäre es aus mit ihr. Das ist meine dritte Gewissheit: Wir Menschen sind frei, zu lieben oder nicht zu lieben. In diesem grenzenlosen Kosmos aus Milliarden von Galaxien, jede von ihnen wiederum mit Milliarden von Sternen, ist der Mensch nach unserem heutigen Wissen das einzige mit Freiheit ausgestattete Geschöpf. Obwohl das winzigste im Vergleich zur kosmischen Grenzenlosigkeit, hat er doch seinen unbegrenzten Wert, weil allein er mit Freiheit begabt ist und diese Freiheit ihn zur Liebe befähigt. Darin besteht die Würde des Menschen.

Wenn man mir die Katechismusfrage stellt: „Wozu sind wir auf Erden?", antworte ich bloß: „Um lieben zu lernen." Das ganze Universum hat keinen andern Zweck als den, dass in einem seiner winzigen Winkel ein mit Freiheit ausgestattetes Wesen existiere. Der Mensch, dieser Zwerg auf einem Zwergenplaneten, mag sich vom grenzenlosen Universum erdrückt fühlen. Und doch ist er weit großartiger als das ganze physikalische Weltall, wie Pascal sagt, weil er das einzige Wesen ist, das weiß, dass es stirbt und das zu lieben vermag. Zu lieben sind Ozeane und Gletscher und Sterne nicht fähig. Nur freie Geschöpfe sind dazu befähigt. Wie furchterregend und erschreckend sie sich zuweilen auswirken mag: Die menschliche Freiheit ist nicht zu ersticken. Glücklicherweise erfreut sie sich der Hilfe Gottes, die wir „Gnade" nennen.

Um das zu veranschaulichen greife ich oft zum Beispiel eines Segelbootes. Unsere Freiheit besteht im Hören auf das Signal, das Segel zu spannen. Das Segel allein jedoch kann das Boot nicht beflügeln. Ein Wind muss wehen. Andererseits, falls der Wind, das heißt der Geist Gottes, zwar weht, doch das Segel nicht ausgespannt ist, bleibt das Boot auf der Stelle ... Gott braucht unsere Mitarbeit, um uns vorwärts zu bringen. Es liegt auch in unserer Verantwortung, das Ziel unserer Lebensfahrt zu erreichen. Wir sitzen am Ruder und setzen unser Segel. Dann kann uns der Windhauch Gottes in den Zielhafen treiben.

Natürlich kann unsere Freiheit die ungeheuerlichsten Grausamkeiten produzieren. Wenn ich meine Freiheit nach meiner Laune missbrauchen will, zerstöre ich sie selbst. Man hat es nicht verstanden, uns beizubringen, dass unsere Freiheit nicht in Willkür besteht, weil sie uns nur zu dem einzigen Zweck geschenkt ist: um zu lieben.

Auch Tiere lieben wohl, doch ohne Freiheit, nur gezwungen durch einen festgelegten Instinkt. Sie vermögen sich einer Gefahr auszusetzen, ihr Leben zu riskieren, um ihre Brut zu retten, doch wenn die Kleinen erwachsen sind, bekämpfen sie sich aufgrund ihres Instinkts. Der Mensch ist das einzige mit Freiheit ausgestattete Lebewesen. Doch bedarf seine Freiheit der Disziplinierung und Schulung, wenn sie nicht in egoistischen Individualismus entarten soll. Dann würde sie beim Nächsten nur Furcht erregen und damit alsbald die Spirale von Gewalt, Vergeltung, Krieg und maßlosem Hass in Gang setzen.

Ja, Freiheit kann recht fragwürdige Früchte hervorbringen – und ist nicht auch dies der Grund, weshalb viele Menschen Tiere dem Mitmenschen vorziehen? Doch das ist der Preis, der für die Freiheit zu bezahlen ist.

Ohne Freiheit keine Liebe, und das Menschenleben wäre ohne jegliches Interesse und ohne jeglichen Sinn, bloße Absurdität.

Eine Freundin erzählte mir einmal, wie sie ihrer kleinen Tochter den Gottesglauben erklärte. Die Kleine hatte ihr gesagt: „Mama, was für einen Schnitzer hat doch der liebe Gott begangen, als er dem Menschen Freiheit schenkte! Wenn es keine Freiheit gäbe, wäre doch alles Leben wunderschön. Die Menschen auf Erden wären wie die Sterne am Himmel. Jeder in seiner Bahn und keiner stößt je mit einem andern zusammen!"

Die Mama gab ihr zu bedenken: „Du denkst richtig. Doch wenn Gott diesen Schnitzer, wie du es nennst, nicht begangen hätte, hättest du auch keine Mama, die dich gernhaben könnte, und ich hätte keine kleine Tochter, die mich lieb hat. Wir wären ja bloße Automaten im Umgang miteinander. Meinst du, das wäre schön?"

Drei Gesichter der Liebe

Und *trotzdem* ist Gott Liebe. Und *trotz allem* sind wir geliebt. Dem Menschen steht es frei, zu lieben oder nicht zu lieben. Dies sind die Grundlagen meines Glaubens.

Ich meine, dass viele nichtchristliche religiöse Menschen diese Überzeugungen mit mir teilen. Die Offenbarung, dieses geheimnisvolle Wort Gottes an uns Menschen, ist seine Einladung, sein Mysterium weiter zu erforschen.

So haben Theologen während der ersten Jahrhunderte nach Jesu Tod versucht, uns besseren Zugang zu verschaffen zu den grundlegenden Geheimnissen, von denen Gott zu uns spricht: dem der Dreieinigkeit oder Trinität, dem der Menschwerdung oder Inkarnation und dem unserer Erlösung oder unseres Heils.

Es war das Helldunkel dieser Geheimnisse, durch die mich mein Lebensweg als gott- und jesus-gläubigen Menschen geführt hat.

Nach der Entdeckung des einfachen ICH BIN, das meinen Glauben, wie schon erzählt, neu entfachte, erfuhr ich, dass man dazu einzig das Wort „Liebe" hinzuzufügen hat. ICH BIN LIEBE ist alles, was wir von Gott sagen können.

Doch danach entdeckte ich Schritt für Schritt jenes Geheimnis, von dem es gewöhnlich heißt, dass es unserer Vernunft am meisten widerspreche und am schwersten zu begreifen sei: das Geheimnis der Dreifaltigkeit. Aus ihm schöpft mein Geist noch immer das meiste an Licht und Energie.

Wenn Gott Liebe ist, muss er sich selbst verströmen, wie es die Natur jeder Liebe verlangt. Was ist denn Liebe? Sie besteht darin, außerhalb ihrer selbst ein „Mehr an Sein" zu schaffen. Nicht dass sie sich damit selbst auflöste. Sie „schafft mehr", indem sie aus sich selbst hinausgeht.

Sie „spricht sich aus“ oder „gibt sich selbst her“. Diese Selbst-mitteilung des Ewigen ist es, die wir in analoger Weise mit den menschlichen Vokabeln „das WORT“ und „der SOHN“ bezeichnen. Gott, sich selbst mit-teilend und unablässig sich selbst veraus-gabend, kann dem Abbild Seiner Selbst, dem WORT oder SOHN, nur zujubeln und ihn anbeten, wenn man mit ungenauen Menschenworten so reden darf.

Seinerseits kann auch das WORT bzw. der SOHN nur in gleichem Jubel und gleicher Anbetung Seinem VATER gegenüber, dessen Abbild er ist, verharren.

Dasselbe gilt völlig natürlich auch vom Wind des GEISTES. Wie doch dieses Wort gut gewählt ist: „Atem“, „Odem“, „Wind“, „Sturm“. Mystiker zögern nicht zu sagen, der Heilige Geist sei der Atem von Vater und Sohn, die sich gegenseitig in Liebe küssen.

Theologen hatten Mühe, eine Vokabel zu finden, um diesen Feuerofen von Liebe und Freude zu benennen, aus dem das Leben des Ewigen besteht. Sie haben uns den etwas kühlen Begriff „Trinität“ vorgeschlagen. Sie hatten sich die Aufgabe gestellt, eine Bezeichnung für Den zu finden, Der jenseits alles menschlichen Begreifens ist. So unterscheiden sie in der göttlichen Einheit eine Dreiheit von sich liebenden „Personen“: den Vater, der sich wie eine Quelle in seinen Sohn ergießt, und in diesem Liebesaustausch einen göttlichen „Kuss“, den Heiligen Geist.

Das ist beinahe so, als ob dieses Mysterium uns erlaubte, eine winzige Ecke des Schleiers der intimen Liebe in Gott, diesem Wirbelsturm im Herzen des Unwandelbaren, zu lüften.

Seltsamerweise war dieses Mysterium der Trinität, während es den meisten Christen so undurchdringlich komplex erscheint, für mich während meines ganzen Lebens eines der einleuchtendsten und konstantesten Pfeiler meines Gottesglaubens.

Die christliche Offenbarung spricht von einem zweiten großen Geheimnis, dem der Menschwerdung oder Inkarnation. Das Wort in Gott, zweite „Person“ der Dreieinigkeit, ist im Menschen Jesus von Nazaret einer von uns geworden. Der Evangelist Johannes hat besser als irgendjemand sonst diese Einheit der unendlichen Liebe Gottes mit einer geschaffenen menschlichen Freiheit in derselben „Person“ beschrieben:

Zu Beginn war das Wort,
das Wort war bei Gott und das Wort war Gott.
Das Wort ist mit Gott von Anbeginn.

Mit dem Wort hat Gott das All erschaffen,
und ohne das Wort gibt es nichts in der ganzen Schöpfung.
In ihm war Leben.
Und dieses Leben gab den Menschen Licht.
Das Licht leuchtet in der Finsternis,
doch sie konnte das Licht nicht auslöschen.

Da war ein Mann von Gott gesandt,
der heißt Johannes.
Er kam als Zeuge für das Licht,
damit durch ihn alle zum Glauben kämen.
Er war nicht das Licht,
sondern dessen Zeuge.

Das Wort ist das wahre Licht,
das jeden Menschen erleuchtet, der in die Welt kommt.
Es ist in der Welt, die durch das Wort ihr Dasein fand,
doch die Welt hat es nicht erkannt.
Er kam zu den Seinen, doch sie nahmen ihn nicht an …

Und das Wort ist Fleisch geworden.
Es hat unter uns gezeltet

und wir haben seine Herrlichkeit erblickt,
eine Herrlichkeit, die er als Einziggeborener von seinem Vater hatte,
voll der Gabe Gottes und seiner Wahrheit …

Kein Mensch hat Gott je gesehen,
doch sein einziger Sohn an seiner Brust
hat Ihn uns zu kennen gegeben.
(Joh 1,1–18)

Mein ganzes Leben als Gläubiger wurde tagtäglich von diesem unerhörten Satz „Das Wort ist Fleisch geworden" im „Angelus-Gebet", dem Gebet des Grußes des Engels, geprägt, selbst in Zeiten von Finsternis.

In der Inkarnation des WORTES gibt sich Gottes Liebe in aller Realität uns Menschen hin und macht sich wirklich zu einem von uns. Welch anderer Akt hätte uns Menschen seine Liebe zu uns besser bezeugen können? Gott macht sich unsere konkreten menschlichen Daseinsbedingungen zu eigen, damit der Mensch in das Feuer und die Freude der trinitarischen Liebe aufgenommen werden kann.

Irenäus von Lyon [† ca. 200] hat zu formulieren gewagt: „Gott ist Mensch geworden, damit der Mensch zu Gott werde." Das Geheimnis dieser Menschwerdung, das Fundament des Christenglaubens, hat meinem Beten Frische verliehen und meine Betrachtung des „Gottes, der Liebe ist" ein Leben lang genährt.

Da ich dieses hier bekenne, muss ich doch anfügen, dass die Menschwerdung mein armseliges Verstehen weit weniger zufriedenstellt, als das Geheimnis der Trinität es vermag. Eine der Fragen, die mir immer wieder aufstoßen und die ich an Jesus richte, ist die, wie in derselben Person Jesu des menschgewordenen göttlichen WORTES zwei verschiedene Bewusstseinsarten koexistieren konnten. Da Er das WORT, der Christus, war, hat er doch keinen Moment die gottselige Anschauung, Kontemplation und Anbetung seines Vaters vermisst, aus der der GEIST hervorbricht. Und doch war er auch in seiner Menschheit völlig Mensch wie unsereins. Nicht *als ob* er nur eine menschliche Rolle gespielt hätte! Als Kleinkind musste er gehen lernen wie wir, musste lernen, sich beim Stuhlgang rein zu halten, wie wir es müssen, ging zur Schule und lernte buchstabieren; in der Synagoge musste er sich in der Tora, dem mosaischen Gesetz seines Vaters, unterrichten lassen. So erwarb er sich Schritt für Schritt menschliches Wissen und Verständnis, und lebte doch gleichzeitig die grenzenlose Vollkommenheit des WORTES in Gott.

Am Ende seines Lebens sagt der gleiche Christus am Kreuze hängend zum guten Schächer: „Noch heute bist du mit mir zusammen im Paradies!", und zu gleicher Zeit schreit dieselbe Person: „Vater, Vater, warum lässt Du mich jetzt im Stich?" Dies ist sicher das unverständlichste Mysterium. Doch ist es zugleich das allerdramatischste, das extremste, das uns am allerbesten befähigt, uns auf mysteriöse Weise mit ihm zu vereinen. Ja, genau so hat er gelitten, wie jeder zu Tode gequälte Mensch leidet. Und hat dabei nie aufgehört zu beten: „Ehre sei Dir Vater, Eli Eli".

Da ist noch ein weiterer Punkt, wieso das Geheimnis der Menschwerdung Jesu mich nicht loslässt und mich veranlasst, an Ihn immer neu die folgende Frage zu richten: Wenn man die Million Jahre überdenkt, die nun seit dem Erscheinen des ersten freien Menschengeschöpfs auf diesem Planeten vergangen sind, muss man Ihm doch die Frage stellen: „Aber Herr, warum kommst du erst so spät?", wie es manche Kirchenväter getan haben.

Oder aber heutzutage umgekehrt, angesichts der damals so armseligen Transport- und Kommunikationsmittel: „Warum denn nicht heute, wo das offenbarte Gotteswort mittels modernster Telekommunikationstechnik dem Verstehen jedes Menschen auf der ganzen Erde flächendeckend nahegebracht werden kann?"

Das Lösegeld – die Erlösung

Das Evangelium offenbart, dass die Menschwerdung des WORTES um des Heiles der Menschheit willen stattgefunden habe. „Denn Gott hat die Menschheit so sehr geliebt, dass er ihr seinen einzigen SOHN geschenkt hat, damit, wer an ihn glaube, nicht verloren gehe, sondern ewiges Leben gewinne. Denn er hat ihn nicht gesandt, um die Menschheit zu richten, sondern damit er sie rette" (Joh 3,16).

Recht lange hatte ich ein schlechtes Gefühl angesichts dessen, was die kirchliche Obrigkeit über die Erlösung hat lehren lassen. Und was leider noch heutzutage da und dort gepredigt wird.

Meine Bedenken haben ihren Grund in Jesu Rätselwort, der Menschensohn sei gekommen, um sein Leben hinzugeben als Lösegeld für die vielen. Vor allem dieses „für die vielen" regt mich auf. In unserer engstirnigen Tradition wurde uns der Slogan „Außerhalb unserer Kirche kein Heil" eingebläut. Und das ohne jegliche Erklärung. Heute nimmt man ja an, dass seit der Entstehung der Erde etwa achtzig bis hundert Milliarden Menschen unseren Planeten bevölkert haben. Was ist dagegen die verschwindend geringe Zahl jener, die je mit der geschichtlichen Gottesoffenbarung in Berührung kamen? Es wäre doch empörend anzunehmen, dass der Schöpfer des Alls sich nur mit dieser geringen Anzahl begnügt hätte, um ihr das Heil in seinem SOHN zu vermitteln, wie das wörtliche (Miss-) Verständnis des obigen Johannesworts es nahelegen könnte. Nein, Jesus ist nicht gekommen, um nur den Kirchengliedern sein Heil zu bringen, sondern weit mehr als nur diesen „vielen", die seine Offenbarung nur dank eines historischen Zufalls kennenlernen und in seine sichtbare Kirche eintreten konnten.

Da muss man doch sein Wort „damit jeder, der an ihn glaube, ewiges Leben habe" ganz anders interpretieren, nämlich mit der großzügigen Fairness, die glaubt, dass jeder Mensch Glied der heilsvermittelnden unsichtbaren Kirche Jesu Christi sein kann, obwohl er Jesus nicht kennt, wenn er nur loyal der Stimme seines Gewissens folgt, wie auch ein Kardinal Ratzinger ohne Zögern bekennt.[10]

Bleibt immer noch zu verstehen, was das Jesuswort von der Hingabe seines Lebens *als Lösegeld* gemeint habe. Wer ist da der Entführer und Erpresser, der auf Lösegeld für seine Geisel erpicht ist?

Im Verlauf der Jahrhunderte gab es zwei theologische Schulen, die sich um ein Verständnis dieser Aussage bemühten. Zunächst eine reichlich naive, die erklärte, durch seine Sünde versklave sich ein Mensch an Satan und werde dadurch zu dessen Eigentum. Folglich müsse er mit einem Lösegeld an den Teufel aus dieser Versklavung befreit werden. Wir haben schon gehört, dass noch heute sich viele an die Warnung erinnern: „Sei brav, sonst holt dich der Teufel!" Doch ist es völlig absurd anzunehmen, dass der absolut Gute, Gottes Wort, Christus sich dem Teufel als Lösepreis ausliefern könnte, um dessen Sklaven freizusetzen. Das ist doch völliger Unsinn.

Als Reaktion auf solch naives Denken kam im feudalistischen Mittelalter eine andere Interpretation des Lösegelds auf, die auf der damaligen Feudalgesellschaft und ihrer Rechtsprechung beruhte. Wie wurde damals ein Verbrechen gesühnt? Wenn ein gesellschaftlich Unbedeutender wie ein Leibeigener seinen Gutsherrn anspuckte oder ihm gar Steine nachwarf, wurde das Verbrechen je nach der sozialen Stellung des beleidigten Opfers geahndet und das Maß der Buße und Genugtuung dementsprechend festgesetzt. War der Täter etwa Knecht des benachbarten Feudalherrn, musste je nach dessen

10 Statt für seine heilsuniversalistische Sicht den damaligen Präfekten der Glaubenskongregation und späteren Papst zu zitieren, hätte Abbé Pierre auch Artikel 16 der konziliaren Kirchenkonstitution *Lumen Gentium* oder Artikel 22 der Pastoralkonstitution *Gaudium et Spes* als Beleg seiner Auffassung anführen können (Anm. d. Übers.).

Rang eine entsprechende Genugtuung bezahlt werden, damit es nicht zu einem Vergeltungskrieg kam.

In diesem gesellschaftlichen Kontext wurde nun Jesu Wort vom Lösegeld interpretiert. Weil Sünde den „grenzenlosen, unendlichen" Gott beleidigt, musste er von einem ebenso „grenzenlosen, unendlichen" Freikäufer, nämlich seinem eigenen SOHN, beschwichtigt werden. Diese theologische Erlösungstheorie heißt „Genugtuungs- oder Satisfaktionstheorie" des Anselm von Canterbury, oder besser des Mönchs, mit dem er darüber debattierte. Für Anselm war dies das Motiv der Menschwerdung von Gott SOHN, von gleicher Würde wie der beleidigte Gott VATER, der sich diesem selbst als Lösepreis für seine gefallenen Menschenbrüder anbot.

Ich muss gestehen, dass ich diese Theorie immer unerträglich fand. Jesus hätte sich also durch seine Dornenkrönung als Spottkönig, durch seine grausame Geißelung und seinen fürchterlichen Schandtod seinem Vater präsentiert mit Worten wie: „Da hast Du Deine Genugtuung für Deine verletzte Schöpferehre, oder was verlangst Du noch mehr?" Das wäre ja eine scheußliche Gotteskarikatur, die mit dem Gott des Evangeliums nicht das Geringste gemein hat. Der Vater des verlorenen Sohns im Lukasevangelium hat nach Verschleuderung des Erbes keine Rückerstattung gefordert, hat keine Quittung von den Freudenmädchen etc. verlangt. Er vergibt alle Untat in seiner grenzenlosen Freude darüber, dass sein Sohn, der tot war, wieder zum Leben gekommen ist, der Sohn, der verloren war, doch wieder gefunden wurde. Diese unselige Satisfaktionstheorie hat leider bei vielen die Vorstellung von einer rachsüchtigen Gottheit geschaffen, die despotisch auf unerbittliche Gerechtigkeit pocht. Sie hat Menschen in ihrer Schuldverstricktheit gefangen gehalten, statt sie zur grenzenlosen Güte und Vergebungsbereitschaft des wahren Gottes Jesu zu befreien.

Diese Unsinnigkeiten und Irrtümer, die wir diesen zwei verfehlten Interpretationen der christlichen Erlösung verdanken, haben mich zu einem anderen Verständnis geführt, das auch Kardinal de Lubac befürwortete. Dieser langjährige Freund und große Theologe war kein waghalsiger Denker, der sich unkluger neuartiger Ideen verschrieben hätte. Noch wenige Tage vor seinem Sterben im Jahr 1991 sagte er zu mir: „Ihr Verständnis des Lösegelds müssen Sie veröffentlichen, damit man es auf klare und einfache Weise unter das Volk bringen kann."

Ich begann mit einer Überlegung über Drogensucht, denn der Suchtverfallene ist gleichzeitig sein eigener Henker und Opfer seiner selbst, zugleich Geiselnehmer und Geisel. Folgendes war meine Überlegung: Gott erschafft den Menschen als seinen perfektesten Apparat auf unserem Planeten. So etwas wie ein monumentales Elektronenhirn. Doch eines schönen Tages fällt es diesem Apparat ein, sich einen Spaziergang zu erlauben. Dazu zieht er sein Stromkabel aus dem Stecker. Ohne Energiezufuhr wird dieses Wunderwerk mit einem Mal zu einem bloßen Schrotthaufen.

Das ist genau das, was die Bibel und die ganze Menschheitsgeschichte demonstrieren: Der Mensch hat das Kabel herausgezogen, um sich vermeintlich freier bewegen zu können, doch im gleichen Moment fingen die Menschen an, sich die Köpfe einzuschlagen und aufeinander loszugehen, um immer mehr Reichtum und Macht zu erwerben. Mit Kain und Abel begann es und es dauert bis heute an. Hat es je einen Tag in der langen Menschheitsgeschichte ohne einen Mordanschlag gegeben? Mord, Diebstahl, Ausbeutung der Machtlosen durch Machthaber sind doch an der Tagesordnung, seit das Kabel gerissen ist.

Nun fasst Gott in seinem Erbarmen einen unglaublichen Entschluss. In Anbetracht des Menschenwunders, das er sich als Krone seiner Schöpfung ausgedacht hatte, geht der bestohlene Schöpfer dem Dieb nach mit der Erklärung: „Du wolltest mit deinem Diebstahl zu großem Profit kommen. Weil mir jedoch so viel an dir und der ganzen Menschheit liegt und du dich selber beraubt hast, so komme ich dir zu Hilfe, um dir dich selber zurückzuerstatten. Mit meinem unbegrenzten Preis will ich dir dich selber wieder schenken: Ich komme, um mich dir selber zu schenken. Indem ich mich dir überliefere und aushändige, mache ich mich selber dir zum Lösegeld, weil du dich leider zu deinem eigenen Räuber und Henker gemacht hast. Ich sage dir: ‚Wach auf, schau auf den Berg der Miseren, die du dir selber verschafft hast! Überleg es dir und komm endlich heim. Und weil du träumtest, Profit zu machen, gebe ich dir den größtmöglichen, nämlich mich selber!'"

Erlösung besteht also darin, dass der Bestohlene nicht nach Bestrafung des Diebes verlangt, sondern in törichtester Liebe stattdessen sich selber dem Dieb aushändigt, damit er das Diebesgut zurückerstatten kann. Indem der Menschensohn sein Leben verschenkt, macht er den gefallenen, von seiner Energiequelle abgeschnittenen Menschen wieder fähig zu lieben.

Wenn ein unglücklich Ausgebrannter in meine Stiftung Emmaus kommt, ist er oft völlig am Ende. Um einen biblischen Vergleich heranzuziehen: Er ist wie einer, der auf dem schier endlosen Marsch Israels ins verheißene Land am Wegrand vor Erschöpfung liegengeblieben und von seinen Weggefährten im Stich gelassen wurde. Er ist völlig ratlos und verstört. Falls er sich nun in unsere Gemeinschaft aufnehmen lässt, wo man einander zu Hilfe kommt, wird er faktisch wieder zu einem Glied einer Gemeinschaft. Dann kann er sich von Neuem zusammen mit uns auf den Weg machen. Da entdeckt er neu seine eigene Würde, seinen Wert, seine Selbstachtung und seinen Sinn für Freiheit, weil er erfährt, wie er von seinen Nächsten gebraucht wird und wie sie ihn für allerlei Aktionen nötig haben.

Mein erster Gefährte, ein entlassener Häftling namens Georges, kam zu uns, weil ich ihm sagte: „Dich brauche ich, um anderen zu helfen, ich brauche deine Liebeskraft, denn dich habe ich nötig, damit du wieder zu dir selber findest und damit wir zusammen etwas anfangen können."

Indem er zuließ, geliebt zu werden und seinerseits zu lieben, hat er das Lösegeld in Empfang genommen. Ein ausgebrannter Mensch ist so sehr am Ende, dass er nicht einmal mehr sich selbst zu achten vermag. Falls er es aber über sich bringt, das Lösegeld anzunehmen und sich als einen zwar unglücklichen, doch ehrlichen Räuber zu verstehen, sich selber dem Vater zurückzuerstatten, gliedert er sich wieder unter dessen Adoptivsöhne ein.

Gotteskarikaturen

In den letzten Kapiteln haben wir gesehen, wie theologisches Bemühen, das heißt die Vernunft im Dienst des Glaubens, versucht, das Geheimnis Gott und die christliche Offenbarung so zu ergründen, dass es etwas verständlicher wird. Wenn wir uns unseres Glaubens gewiss sind, wenn unsere Vernunft sich bemühen kann, die evangelische Botschaft tiefer zu erfassen, dürfen wir gleichwohl nie aus dem Auge verlieren, dass Gott der ganz Andere ist und der Unaussprechliche und Unsagbare bleibt. Wenn wir ihn zu rasch in unsere menschlichen Kategorien zwingen, landen wir bei bloßen Karikaturen. Unsere menschliche Art, ihn zu sehen und ihn zu denken, je nach Zeiten und Kulturen wieder verschieden, verführt uns allzu leicht im Verlauf der Geschichte zu allerlei Gotteskarikaturen, die zuweilen die ursprüngliche christliche Botschaft radikal verfälscht haben.

Es ist nicht ohne Nutzen, solche falschen Vorstellungen zu demaskieren, die oft unseren Geist zutiefst geformt und den Glauben mancher Gläubiger verfälscht oder aufrichtige Menschen dem Gottesglauben verschlossen haben. Im Laufe meines Lebens hatte ich oft Anlass, dieses oder jenes Karikaturbild Gottes richtigzustellen. Eine dieser Karikaturen, die sehr verbreitet ist und viele Menschen von echtem Glauben abschreckt, ist die Vorstellung von Gott als einem allmächtigen Herrscher und Machthaber, der den Menschen erdrückt und ihm seine Freiheit nimmt.

Gewiss ist Gott allmächtig, doch ist Er keineswegs ein willkürlicher und tyrannischer Alleinherrscher. Er ist voller Wertschätzung für die menschliche Freiheit, die Er ja selber geschaffen hat und zu deren Diener Er Sich macht (ich habe diesen Gedanken in einem kleinen Theaterstück mit dem Titel *Geheimnis der Freude* entwickelt). Weil er Liebe ist, begibt er sich freiwillig in Gefangenschaft, um diese Liebe einigen seiner Geschöpfe im Kosmos zu schenken, damit er aus seiner Schöpfung wieder Gegenliebe empfange.

Es ist die Eigenart dieser Liebe, dass ich mich, falls ich sie nach meiner Willkür und Laune missbrauchen sollte, sie meinem Mutwillen aussetze oder sie verfremde, damit mehr und mehr selber unfrei mache. Doch wenn ich mich im Gegenteil dazu entschließe, sie zu bändigen, auf allerlei Angenehmes und Attraktives freiwillig zu verzichten, um mich zu verschenken, dann beginnt sie Tag für Tag zu wachsen. Das bestätigt sich sowohl im Verhalten zu den Mitmenschen wie Gott gegenüber. Wenn der Mensch sich jedoch auf seine Freiheit beruft, um Gott als Hindernis seiner maßlosen Willkür zu bezeichnen, missbraucht er sie als Mittel in seinem grenzenlosen Durst nach Allmacht, zu „sein wie Gott". Paradoxerweise zerstört er sie gerade deshalb durch die Furcht, die er damit erweckt. Das ist die Geschichte und Logik aller Diktatoren, die sich selber zu Göttern zu machen versuchen. Doch wer sich im Gegenteil freiwillig in einem Vertrauensakt Grenzen auferlegt, um Gott und den Nächsten besser dienen und sie mehr lieben zu können, ist der freieste Mensch.

Deshalb ist eine Konkurrenz zwischen allmächtiger Gottheit und freier Menschheit – die Grundbehauptung aller zeitgenössischen Atheismen – blanker Unsinn. Sich Gott zu ergeben, sich von ihm führen zu lassen, erlaubt dem Menschen erst, voll Mensch zu werden, und schränkt seine Freiheit keineswegs ein. Sie ist ganz im Gegenteil besser gewahrt, wenn sie sich in Liebe freiwillig Gott unterwirft, als wenn sie sich seine Allmacht anmaßt oder gegen sie rebelliert. Ein Blick auf die Menschengeschichte genügt zur Bestätigung. Jedes Mal, wenn Friede zerbricht, ist der Grund dafür der, dass Herrschsüchtige ihre Macht über andere beweisen oder ausdehnen wollen, oder Individuen im Namen angeblich absoluter Freiheit ihre Nächsten nicht mehr achten.

Menschliche Freiheit wird nur im Dienst der Liebe groß. Die Ehe ist der beste Beweis dafür. Wenn in einer Ehe jeder Partner seinen eigenen Willen durchzusetzen versucht, nur seinen Launen und Kapriolen folgen will, dann ist das Scheitern vorprogrammiert. Doch wenn jeder Partner die Bereitschaft entwickelt, seine eigene Freiheit einzuschränken, um dem anderen mehr Freude zu bereiten, dann kann sich Liebe entwickeln und Bindung zur Dauer werden. Paradoxerweise fühlen sich dann beide ständig freier und glücklicher.

Dasselbe gilt für die Beziehung zu Gott. Wenn man sich aus freiem Willen seiner Allmacht und Liebe überlässt, wird man völlig frei. Das ist die biblische Vorstellung von einem Bund: Gott schlägt dem freien Menschen ein Bündnis vor, damit er sich liebevoll mit seinem Gott solidarisiere, ohne dass Gott sich ihm aufdrängt. Außerhalb dieser liebevollen Beziehung zweier Freiheiten, die sich einander anheimgeben und anvertrauen, hätte ein Bündnis keinerlei Sinn. Der Begriff Bund ist daher das genaue Gegenteil der Karikatur von einer allgewaltigen Gottheit, die den Menschen vergewaltigt.

Eine weitere Karikatur ist die einer Peitsche schwingenden Gottheit: „Benimm dich brav oder du gehst zur Hölle." Dies ist die Fehlinterpretation des Bibelworts „Gottesfurcht ist der Anfang aller Weisheit". Ja, aber welche Furcht ist hier gemeint? Die Furcht eines Liebenden, die sich davor in Acht nimmt, dem Geliebten weh zu tun! Nehmen wir wieder das Beispiel der Ehegatten. Lieben sie beide nicht doch in einer gewissen Art von Furcht? Nicht Furcht vor dem Partner, sondern Furcht sich selber gegenüber: Ich fürchte mich, ihm/ihr durch eine unbeabsichtigte Verletzung weh zu tun. Das ist keine Furcht im negativen Sinn, und doch eine Art Besorgnis. Solche Liebe ist der Anfang aller Weisheit. Solche Liebe ist die Befürchtung, den Partner ungewollt zu verletzen oder ihn zu kränken oder ihm seine Liebe mir gegenüber zu verleiden.

Dieses Missverständnis der Gottesfurcht hat manchen Gewissensschaden verursacht. Wie viele Christen leiden noch immer unter einem schrecklichen Schuldkomplex! Der hat nichts mit echter christlicher Reue zu tun, sondern ist ein psychopathisches Phänomen. Er besteht in der Furcht, wegen eines Vergehens den Zorn eines tyrannischen Vaters erleben zu müssen.

Echte Reue hingegen öffnet uns der göttlichen Vergebung gegenüber, die keine Grenzen kennt. „Gott ist Licht", sagt die Frohbotschaft Jesu. Neurotisches Schuldbewusstsein wäre dessen Schatten, eine finstere Zone in uns, die dieses Licht der Gottesliebe nicht mehr einlässt. Das wäre eine schreckliche Sache. Nichts widerspricht der Botschaft Jesu so sehr wie eine tyrannische Gottheit mit Peitsche in der Hand. Ich begreife, dass diese Karikatur – leider Gottes zu oft von Klerikern benutzt, um Gewissen einzuschüchtern – manche aufrechte Menschen von Gott weggetrieben hat. Glücklicherweise ist ein solches Zerrbild heutzutage fast völlig verschwunden. Ich meine, dass die Kirchen es begriffen haben, dass man mit auf Furcht beruhender Pädagogik keinen Menschen für Christus begeistern kann. Das vermag nur eine Botschaft seiner Liebe, die von jeder Furcht befreit ist außer der, ihn und den Nächsten nicht genügend zu lieben.

Es gibt noch weitere Gotteskarikaturen, etliche unter ihnen von Kirchenleuten vertreten: ein endlos moralisierender Gott, ein frauenhassender Gott etc. Mit vielen dieser Karikaturen konfrontiert, habe ich Schritt für Schritt gelernt, die abgegriffene Vokabel „Gott", von so viel Schrecken und Absurdität entstellt, durchwegs durch den Begriff „der Ewige, der Liebe ist" zu ersetzen.

Glaubenskarikaturen

Neben den Gotteskarikaturen gibt es auch solche des Glaubens und der Gläubigen. Die schlimmste von allen ist zweifellos religiöser Fanatismus.

Wir haben die Aufgabe, mit aller Kraft und zuweilen sogar mit Zorn jede Art von religiösem Fanatismus zu bekämpfen, und zwar vorerst einfach zu versuchen, uns Jesu Gebot zu eigen zu machen: „Liebt einander, wie ich es euch vorgemacht habe." Wenn jeder von uns sich Tag für Tag abmüht, die Not unserer Nächsten zu lindern und zu beheben, antwortet er damit dem Vorwurf des Fanatismus weit mehr als mit Worten. Doch müssen wir auch den Mut aufbringen, unsere christlichen Geschwister sowie die jüdischen und islamischen und alle anderen, die sich zur Gewalttätigkeit aufhetzen lassen, weil sie sich im Besitz der einzig wahren Religion wähnen, davon zu überzeugen, dass unsere Religion eine ist, die jedem Nächsten, unabhängig von seiner Religionszugehörigkeit, mit Achtung und Liebe begegnet. Blasphemie gegen solche religiöse Toleranz und Liebe ist die schlimmste aller Gotteslästerungen.

Lange Zeit habe ich mir Gedanken darüber gemacht, wie man sich religiösen Fanatismus erklären kann, sei er christlich oder jüdisch oder muslimisch oder hinduistisch oder was immer. Heute bin ich überzeugt davon, dass er im Wesentlichen in einer irrtümlichen Vermischung von geistlicher und irdischer Realität besteht, welche die persönliche religiöse Suche mit dem Hunger nach politischer Macht verwechselt. Die Suche nach der absoluten Wahrheit kann zu Heiligkeit führen. Doch wenn der Absolute mit irdischer Herrschsucht vermengt wird, öffnet dies das Tor zu jeglichem Fanatismus.

Wenn wir uns nur auf die großen monotheistischen Religionen beschränken, die sich auf die Bibel oder den Koran berufen, müssen wir beschämt bekennen, dass alle drei der Vermischung von religiöser und irdischer Realität verfallen sind.

Louis Massignon[11], der Sucher nach dem Absoluten, sagte wohl zu Recht, dass der Islam die Religion des Glaubens, das Judentum die der Hoffnung, das Christentum die der Liebe sei.

Doch im Laufe der Jahrhunderte haben sich alle drei von der erschreckenden Realität des Fanatismus verführen lassen. Im Namen Allahs haben die Muslime „die Ungläubigen" geschlachtet; im Namen der Hoffnung auf die göttliche Landverheißung haben die Israeliten die „Heiden" Kanaans ausgerottet; mit Berufung auf die Liebe zu Christus haben Christen ihre jeweiligen „Häretiker" verbrannt.

Ist es nicht endlich an der Zeit, dass wir alle, eins in der gemeinsamen Wahrheit unserer verschiedenen religiösen Bekenntnisse, unsere religiösen Fanatismen verurteilen und aus der Welt schaffen, die für so viele Menschen guten Willens das Haupthindernis bilden, dem „Ewigen, der die Liebe ist" zu begegnen, oder ihnen als Vorwand dienen?

Ich beschränke mich hier auf die Fanatismen und integralistischen Tendenzen von uns Christen. Ich traue meinen jüdischen und islamischen und anderen Geschwistern zu, dass sie die Fanatismen ihrer eigenen Traditionen ebenso anklagen. Kehren wir alle vor unserer eigenen Tür!

Auf den ersten Blick mag es den Anschein haben, dass Christi Botschaft am allerwenigsten Anlass zu Fanatismus gebe. Zweifelsohne sahen viele seiner Zeitgenossen Jesus als einen politischen Messias, als den Befreier Israels vom römischen Kolonialjoch. Doch dieser fromme und praktizierende galiläische Jude Jesus weigerte sich beharrlich, diese politische Rolle zu übernehmen: „Gebt dem Kaiser, was ihm gehört", verkündete er unmissverständlich. Dem Prokurator Pilatus, der ihn fragt, ob er sich als Judenkönig verstehe, erklärt er

11 Louis Massignon, 1883–1962, französischer Orientalist, der sich für die Verständigung von Christen und Muslimen eingesetzt hat (Anm. d. Übers.)

prompt, dass seine Königsherrschaft keine irdische sei. Seine Botschaft besteht in der Offenbarung der grenzenlosen Liebe und Barmherzigkeit eines Gottes, den er „Abba-Vater" nennt.

Seinen religiösen Autoritäten gegenüber verhält er sich völlig freimütig. Die Frau in Samaria, von der wir gesprochen haben, die arme Frau, die mit fünf Männern gelebt hat, fragt ihn besorgt, ob sie mit ihrem Heiligtum auf Garizim die richtige Religion hätten, oder etwa die Juden, die nur den Jerusalemer Tempel zum einzig gottgewollten erklärten. Noch immer berührt mich Jesu Antwort zutiefst: „Glaub mir, Frau, es kommt die Stunde, da ihr weder auf diesem Berg noch in Jerusalem meinen Vater anbeten werdet. Ihr betet den an, den ihr Samariter nicht kennt, während wir den unseren kennen; denn das Heil kommt von uns Juden. Doch die Stunde kommt, und jetzt ist sie da, da die wahren Gottesverehrer den Vater im Geist und in der Wahrheit verehren, denn das sind die wahren Anbeter, die mein Vater sich wünscht" (Joh 4,21–24).

Mit dieser Antwort, von vielen anderen Evangeliumsworten bestätigt, befreit Jesus den Menschen von jeder missbräuchlichen Bevormundung und Vereinnahmung durch jegliche religiöse Institution. Im Gegensatz dazu beharrt er auf der persönlichen Beziehung eines jeden Menschen zum Ewigen, jeder in seiner eigenen religiösen Gemeinschaft. Im Grunde erklärt er dieser Frau nur, dass es gar nicht darauf ankomme, ob man Gott in dieser oder jener Religion verehre, sofern man sich nur in einer persönlichen Gebetsbeziehung zu ihm in Gemeinschaft bei ihm versammle, ohne sich von anderen Gottesdiensttraditionen auszugrenzen.

Wie andere Propheten Israels vor ihm zeigt Jesus klar, wie hohl und leer Gottesdienste sind, die nicht Ausdruck lebendiger Gläubigkeit und Liebe jedes ihrer Teilnehmer sind. Damit gibt er jeder Person innerhalb ihrer Gemeinschaft ihren unersetzlichen Wert. Er konfrontiert das persönliche Gewissen mit traditionellen Normen, die immer teils notwendig, aber zum Teil auch erstickend sind.

Welche religiöse Revolution!

Das verhängnisvolle Zeitalter für die Kirche beginnt mit der sogenannten „Bekehrung" Kaiser Konstantins zu Beginn des vierten Jahrhunderts. Auf die Blutzeugen folgen die kirchlichen Privilegien.

Nachdem das Christentum die offizielle Staatsreligion des Römischen Reichs geworden ist, verliert es rasch einen Großteil seiner belebenden Kraft. Es verwandelt sich in eine Institution, ausgestattet mit Gesetzbüchern, autoritativen Lehrbeauftragten, Mitren auf den Häuptern der kirchlichen Vorgesetzten, dreifachen päpstlichen Tiaren und zahlreichen Verboten. Kurz, sie war versehen mit allem, was echte Religiosität zum Ersticken bringen kann.

Die heutige Welt hingegen schreit nach Quellen lebendigen Wassers. Sie hungert und dürstet nach einem Gott ohne Geld und Waffen. Seit Konstantin hat man sich von der religiös revolutionären und anspruchslosen Kirche der Apostel und Märtyrer rasch entfernt.

Gewiss hat die reich ausgestattete und staatlich etablierte Kirche bald Gott in ihren herrlichen Basiliken und Kathedralen zu preisen fortgesetzt, doch kam sie ebenso rasch auf allerlei Abwege. Sie verwandelte ihre Hirten in weltliche Machthaber und Fürsten, und zu viele von ihnen ließen sich leider von irdischer Herrschsucht verführen.

Diese Vermischung von Geistlichem und Weltlichem öffnete jeglichem Fanatismus die Tore. Dies scheint mir der Schlüssel zu sein, um die Verwandlung der Religion der Liebe in eine der Gewalt, der Verfolgung und des Hasses an manchen Orten und zu manchen Zeiten während dieser zwei Jahrtausende zu verstehen. Zu oft verkehrte sie sich in das regelrechte Gegenteil des Evangeliums.

Das Wunder besteht darin, dass sie ohne Unterbrechung durch all diese Jahrhunderte nie aufhörte, echte Gläubige hervorzubringen, die selbst auf die Gefahr hin, Leib und Leben zu riskieren, diese Verirrungen ihrer Religion immer wieder anzuprangern wagten.

Die Versuchung für den Klerus, die Gesellschaft total im Namen Gottes kontrollieren zu wollen, nennt man Klerikalismus. Er hat gewisse kirchliche Hirten und ihren sogenannten „weltlichen Arm", die mit ihnen verbündeten weltlichen Autoritäten, zu den grauenhaften Schreckenstaten verführt, die allen bekannt sind. Da und dort wurden Zwangstaufen oder Zwangsbekehrungen angeordnet. Ließ nicht der „allerchristlichste" Kaiser Karl der Große mit dem Einverständnis des Papstes Tausende von „Barbaren" hinschlachten, die sich dem christlichen Glauben verweigerten?

Im sechzehnten und siebzehnten Jahrhundert waren es dann die Bewohner der Neuen Welt, die die Erpressungen der raubgierigen Kolonialmächte und einiger übereifriger Missionare zu erleiden hatten. Mit einigen seltenen Ausnahmen wie einem Bartolomé de las Casas behandelten sie die Indios nicht als Menschen, weil sie keine Christen waren.

Die Juden, zerstreut oder gezwungen, sich in für sie reservierten Stadtteilen niederzulassen, hatten den Christen, die sich im Besitz der Wahrheit wähnten und sie der Gesellschaft aufoktroyierten, schweren Tribut zu zahlen.

Waren die Kreuzzüge neben dem allgemeinen christlichen Eifer, Jesu Grab der Sarazenenherrschaft zu entreißen, nicht auch vom Hunger nach wirtschaftlicher und politischer Eroberung motiviert, und praktizierten sie nicht auch die entsetzlichsten anti-evangelischen Exzesse im Orient?

Sind die Inquisitionsprozesse nicht Ausdruck dieser subtilen, perversen und monströsen Dialektik, dass man Häretiker *verbrannte*, um ihre Seele „vor dem Feuer der Hölle zu bewahren"? Was für ein Hohn auf die Liebe! Und suchte man nicht nach allerlei theologischen Spitzfindigkeiten, um infamste irdische Ambitionen heuchlerisch zu rechtfertigen?

Um eine christliche Gesellschaft politisch zu bauen, haben selbst große christliche Geister zu jener Zeit die eigentliche Grundlage ihres Glaubens verraten. Um sich ein gutes Gewissen zu verschaffen, konstruierten sie regelrechte Pseudotheologien zu ihrer Rechtfertigung – das wahre Gegenteil der Lehre Jesu. So kam es dazu, dass der Slogan „außerhalb der Kirche kein Heil" in das genaue Gegenteil dessen verkehrt wurde, was der Wortlaut ursprünglich eigentlich gemeint hatte.

Daher hat sich im Verlauf vieler Jahrhunderte die Gemeinschaft des Evangeliums, die Kirche Jesu Christi, – kaum der lang andauernden heidnischen Verfolgung entronnen – mit den Großen dieser Welt verbündet, um an deren Reichtum und Macht teilzuhaben.

Doch gleichzeitig hat sie nie aufgehört, die evangelische Botschaft des Glaubens, der Forderung der Liebe und der freiwilligen Armut zu verkünden.Und nie hat sie aufgehört, Heilige zu erwecken. Doch wie doppeldeutig sind viele ihrer Kompromisse mit Herrschaft und Reichtum noch heutzutage! Wie dürftig ist ihr Jesuszeugnis zum Beispiel noch immer in Südamerika, kompromittiert durch manche dubiose politische Machenschaften, den luxuriösen Lebensstil und die Prachtentfaltung mancher ihrer dortigen Prälaten.

Als Johannes XXIII. sich entschloss, das Zweite Vatikanum einzuberufen, sagte er zu einem jungen Bischof, einem meiner Freunde: „Pass nur auf, wir werden das konstantinische Zeitalter beerdigen."

Tatsächlich hat das Konzil eine neue Ära eingeleitet, eine Ära der längst fälligen Befreiung der Kirche vom Gewicht jahrhundertealter Zweideutigkeiten, die aus dem Papst ein Staatsoberhaupt mit politischen Allianzen und einer Armee, mit „Kirchenfürsten" und deren Ambitionen gemacht hatte. Wird sie sich, endlich befreit von ihrer zeitlichen Herrschaftslast, die sie so lange verunstaltet hat, von Neuem mit aller Kraft ihrer ursprünglichen Mission zu widmen lernen: die Frohbotschaft des Evangeliums Jesu zu verkünden, mit andern Worten, es glaubwürdig zu machen, dass der Ewige Liebe ist?

Da gibt es noch mehr als genug nutzlose und luxuriöse Dinge, was Zeremonien und sonstiges Beiwerk anbelangt, die wir loswerden müssen. Johannes XXIII. hatte die *sedia gestatoria*, diesen Sessel, auf dem Männer den Papst in den Petersdom zu tragen pflegten, ins Museum gestellt.[12]

Paul VI. hat gleicherweise auf die Tiara, seine Papstkrone, verzichtet, die mit ihrem dreifachen Ring den Papst seit dem Hochmittelalter als den Stellvertreter Christi und damit Vorgesetzten über alle Könige und Kaiser der Welt geziert hatte.

Ich gehöre zu jenen, die immer noch davon träumen, dass ein Papst auch einmal die Mitra auf den Köpfen der Bischöfe, die heutzutage nur noch lächerlich wirkt, abzuschaffen wage.

In einigen armen Nationen erregen noch immer einige Prälaten Anstoß bei den Volksmassen durch ihren aufwändigen Lebensstil und ihr pompöses Gebaren. Wann wird man endlich verstehen, dass die Schönheit eines Heiligtums nicht vom Marmorluxus oder dessen Goldinventar abhängt, sondern von der Tatsache, dass in dessen Nachbarschaft keine einzige Familie ihr Leben ohne ein Dach über dem Kopf fristen muss?

Wir müssen Acht geben, denn das klerikalistische Fieber erweist sich als sehr hartnäckig. Doch im Wesentlichen hat es das Zweite Vatikanische Konzil der Kirche ermöglicht, der konstantinischen Ära definitiv den Rücken zu kehren.

Das ist auch genau der Grund, weshalb Msgr. Marcel Lefebvre, Gründer der reaktionären Piusbruderschaft, und einige andere, die seine Denkweise teilen, das Konzil verurteilen. Seine Ablehnung hat nichts mit der Rolle des Lateins zu tun. Er ist im rechtsextremen

---

12 Das Gedächtnis oder sein Wunschdenken spielt Abbé Pierre hier einen Streich: Papst Johannes ließ sich noch zur Konzilseröffnung und Paul VI. zu seiner Krönung in die Basilika tragen. Erst der Letztere schaffte mit der Krönung und der Tiara auch die Sedia ab (Anm. d. Übers.).

royalistisch-nostalgischen Milieu von Charles Maurras[13] aufgewachsen. Erzbischof Lefebvre hatte von Kind auf in seiner aristokratischen Familie immer nur gehört, dass Thron und Altar sich gegenseitig stützen müssten. Ich habe ihn persönlich in Dakar in Senegal als Apostolischen Delegaten für Westafrika kennengelernt. Die Entkolonialisierung bedeutete für ihn eine Abwendung vom Glauben, als ob das französische Kolonialpersonal je missionarisch interessiert gewesen wäre! Er war der Überzeugung, dass „die älteste Tochter der römischen Kirche" ihre Mission den „schwarzen Wilden" gegenüber verraten habe.

Weit mehr als Soutane, Weihrauch und Latein in der Messe trauern die Integralisten der konstantinischen Zeitepoche nach. Sie sind nostalgisch und sehnen sich nach einer Gesellschaft zurück, die dem Kirchenrecht unterworfen war. Das macht sie zu Fanatikern, die selbst zu Mord bereit sind, wenn es darum geht, das zu verteidigen, was sie als die Wahrheit erachten. (Das Attentat gegen das Kino Saint-Michel, das den Scorcese-Film *Die letzte Versuchung Christi* zeigte, ist ein Beispiel hierfür.) Wir müssen andere Mittel einsetzen anstelle von Gewalt, um zu beweisen: „Das ist kein Verhalten, wie es dem Evangelium entspricht."

Soziologische Untersuchungen zeigen, dass die Regionen, in denen in Italien heute der Atheismus dominiert und die fast ausnahmslos bei den Wahlen die Kommunisten unterstützen, jene des alten Kirchenstaates sind. Es handelt sich um den Antiklerikalismus gegen das damalige klerikalistische Regime, das für lange Zeit aus seiner spirituellen Mission irdischen Nutzen zog.

---

13 Charles Maurras, 1868–1952, royalistischer Aristokrat, Gründer der rechtsextremen *Action Française*, die manche aristokratische Katholiken um sich scharte. Unter anderen auch den Jesuitentheologen Billot, dem Pius XI. wegen dessen Unterstützung der Action den Kardinalstitel entzog (Anm. d. Übers.).

Als ich am Vorabend meiner Priesterweihe bei Père de Lubac meine Beichte ablegte, gab er mir sein eben erschienenes Werk *Catholicisme* zum Geschenk. Mit Erstaunen las ich seine Widmung: „Morgen, wenn Sie auf dem Boden Ihrer Kapelle zur Weihe ausgestreckt liegen, bitten Sie den Heiligen Geist nur um eine einzige Gabe. Bitten Sie ihn um den Antiklerikalismus der Heiligen ..." Mein ganzes Leben lang habe ich mich seither bemüht, seinem Rat Folge zu leisten.

Doch wann immer ich ihn seither daran erinnerte, sagte er mir jeweils lachend, doch einige Male recht ernst: „Ja, Antiklerikalismus, jedoch den der ‚Heiligen' und nicht den derjenigen, die sich heutzutage jeglicher Disziplin, selbst der vom Evangelium am meisten gebotenen, entziehen, nur um sicherzugehen, keinerlei Klerikalismus zu praktizieren."

Herrlichkeit und Elend der Kirche

Wenn man einen Blick auf die lange Geschichte der Kirche wirft, auf die zwanzig Jahrhunderte, die seit Jesu Tod verflossen sind: Wie kann man da nicht zwei Linien unterscheiden, die einander völlig widersprechen?

Einerseits einige skandalöse Päpste, Zwangsbekehrungen, die Scheiterhaufen der Inquisition, die Exzesse der Kreuzzüge, alle Kompromisse mit weltlichen Machthabern etc., doch anderseits eine leuchtende Botschaft, das Evangelium, das dank der Kirche durch all diese Jahrhunderte wanderte, außergewöhnliche Heilige, eine selbstlose Opferbereitschaft in unzähligen karitativen Institutionen und Bewegungen, Tausende von Männern und Frauen, die auf andere, aber nicht weniger heroische Art ihr Leben Gott in der Anbetung weihten …

Kurz, die Kirche brachte das Herrlichste und zugleich das Schlimmste hervor. Heutzutage hat man meist die Tendenz, nur über ihre schlimmen Seiten zu berichten. Bevor ich darauf zurückkomme, möchte ich vom Besten in der Kirche sprechen.

Leichtfertig konstruiert man einen Gegensatz zwischen Kirche und Evangelium. Um das berühmte Wort Loisys zu zitieren: „Die Kirche hat die schwere Aufgabe, eine Botschaft zu verkünden, die sie selber allermeist verdammt." Tatsächlich sind ja die Evangelien und alle Schriften des Neuen Testaments Werke der Kirche. Jesus hat keine davon verfasst, noch hat der Heilige Geist sie auf Steintafeln graviert. Wie man heute zur Genüge weiß, wurden diese Texte von den ersten Christengemeinden verfasst. Sie sind das direkte Produkt des konkreten Lebens der Urgemeinde, die der Apostel und ihrer unmittelbaren Nachfolger. Das Evangelium ist ein Gedanke, eine Botschaft, ein Glaube, die gelebt wurden, bevor sie niedergeschrieben wurden. Es ist der Glaube der ersten Christen.

In der Folge haben die Christen nie aufgehört, diese Botschaft zu vertiefen und zu bereichern. Die große Tradition der Kirche, die ihrer Heiligen, ihrer Kirchenväter, ihrer Kirchenlehrer, ihrer Mystiker, das ist das Evangelium, das sich immer weiter entfaltet und entwickelt, um den sich wandelnden Bedürfnissen der verschiedenen menschlichen Gesellschaften und Zeiten zu dienen. In diesem Sinn ist die Kirche eine Mutter, die uns seit zwei Jahrtausenden die welterschütternde Botschaft Christi vermittelt. Ohne die Kirche hätte ich diese Botschaft nie vernommen, ohne sie hätte ich mich mit der Frohbotschaft weder nähren noch sie zu meiner eigenen machen können.

Deshalb kann ich es nicht ertragen, zu sehen, wie die Kirche verhöhnt wird, wie man sich auf ihre kleinsten Unvollkommenheiten stürzt und sie wegen ihrer Vergehen verspottet. Es gibt eine satirische Zeitschrift, die von Christen herausgegeben wird. Ursprünglich beabsichtigten ihre Gründer, sie als eine Art kirchliches Witzblatt, wie der *Canard enchainé* es ist, zu gestalten. Eines Tages baten mich die Herausgeber um einen kurzen Beitrag. Ich entsprach dieser Bitte, als ich ihre Publikation noch nicht kannte. Sie brachten meinen Beitrag und sandten mir die Nummer, die ihn enthielt. So lernte ich ihre Publikation kennen. Ich antwortete ihnen sogleich: „Ich werde Ihr Blatt nie abonnieren, denn Sie tun ja nichts anderes, als die Kirche aufgrund ihrer Fehler in den Dreck zu ziehen und sie lächerlich zu machen."

Man kann sich natürlich über das eine oder andere kirchliche Geschehen ärgern oder darüber lachen, doch die Kirche permanent nur zu verhöhnen, das schockiert mich. Das ist, als ob ich eine Mutter hätte, die zur Alkoholikerin geworden ist, und ich sie, statt ihr zu helfen, auf dem Dorfplatz dem Gespött der Menge aussetzen würde. Diese Zeitschrift habe sich inzwischen gehörig gebessert, wie man mir sagt.

Trotz ihrer unzähligen Fehler ist die Kirche meine Mutter in dem Sinn, dass ich ihr die drei Wahrheiten verdanke, die sie mir vermittelt hat: Der Ewige ist *trotzdem* Liebe; ich bin gleichwohl geliebt und du ebenso; und schließlich bin ich, bist du, sind wir alle mit Freiheit beschenkt, um diese Liebe Gottes mit unserer Gegenliebe zu vergelten.

Davon abgesehen ist es klar, dass die Regierung der Kirche – so notwendig eine globale Leitung ist – und die Weise, wie bestimmte ihrer Repräsentanten handeln, zuweilen recht weit vom Geist des Evangeliums entfernt sind.

In diesem Zusammenhang kann ich nicht vergessen, was ich mit eigenen Augen in einem südamerikanischen Land mit ansehen musste. Man errichtete in dessen Hauptstadt eine neue Nuntiatur. Dieses Gebäude war derart luxuriös, dass die Armen nachts kamen und mit Teer an die Wände schrieben: „Selig die Armen!" Der Prälat, der das Gebäude errichten hatte lassen, alarmierte daraufhin tatsächlich die Polizei, um zu verhindern, dass das Wort des Evangeliums auf dem Haus des Papstes geschrieben stehe!

Persönlich habe ich alle Päpste seit Pius XI. getroffen, mit Ausnahme Johannes Pauls I., dessen Pontifikat nur sehr kurz war. Die Begegnung mit Pius XI. im Jahr 1926 hatte den Charakter eines Bubenstreichs. Ich war vierzehn Jahre alt, und mit einem Pfadfinderfreund hatte ich mich verschworen, den Papst beim Vorbeigang anzuhalten, damit er den Wimpel unserer Patrouille *Les Hirondelles / Die Schwalben* segne. Das gelang uns tatsächlich. Er sprach ausgezeichnet Französisch und sagte: „Lyon! Betet für den Papst in Notre Dame de Fourvière, denn ich habe einen Bruder, der in Lyon arbeitet. Ich war mehrere Male dort, und jetzt segne ich euren Wimpel." Natürlich wurden wir schwer gescholten wegen unseres Verstoßes gegen die Disziplin, doch strahlten wir vor Stolz.

Mein erster Kontakt mit Pius XII. war indirekt, doch lud er mir eine schwere Verantwortung auf. Am 16. Juni 1944 war ich in Algier angekommen, nachdem ich am 18. Mai 1944 wegen meines geheimen Übertritts über die spanische Grenze festgenommen worden war. Doch ich floh aus der Haft und gelangte nach Algier.

Sobald ich in Algier angekommen war, bat man mich, auf der Radiowelle zu sprechen, die man damals schon „Radio der Vereinten Nationen“ nannte. Damals gab man mir von den verschiedensten falschen Identitäten, hinter denen ich mich während meiner zwei Jahre im nationalen Widerstand hatte verbergen müssen, den Namen „Abbé Pierre“, der mir fortan blieb. Ich erfand ihn, um nicht durch irgendeine Indiskretion meine zahlreiche Verwandtschaft in Frankreich mit meinem Familiennamen in Gefahr zu bringen. Seither bin ich in allen meinen Ausweispapieren nur unter diesem Namen bekannt.

Am 3. August kam ein Priester des Erzbischofs zu mir. Er brachte mir ein päpstliches Dokument, das bisher vor der Öffentlichkeit geheim gehalten worden war.

In Frankreich wussten wir um den Eifer unseres Kardinals Tisserant, der in Rom seit der deutschen Besetzung des Südens und dem Beginn der Résistance auf den Papst einzuwirken versuchte. Er bestand darauf, dass der Papst den Priestern, die unter Gefahr bei der nationalen Widerstandsbewegung kämpften, ein Zeichen der Ermunterung geben müsse. Seine diesbezüglichen Bemühungen waren bisher erfolglos geblieben. Hingegen enthielt genau dieses Dokument des Erzbischofs die römische „Antwort“, die mir übergeben wurde, um sie über das Radio publik zu machen.

Doch in dieser heißesten Stunde unseres nationalen Kampfes war meine antikuriale Revolte gegen diesen vatikanischen Text unerbittlich.

Es handelte sich um die Antwort des Substituten Msgr. Tardini im Staatssekretariat seiner Heiligkeit, adressiert an Kardinal Tisserant, unter dem Datum des 13. Juni. Msgr. Tardini war sicher nicht persönlich am pompösen Stil seines Textes schuld, der nur der Gepflogenheit seines Amtes entsprach.

In Privataudienz bei Papst Pius XII. in Castelgandolfo anlässlich eines Kongresses der Weltbewegung für Föderalismus 1948 in Rom

Abbé Pierre auf Besuch in der ersten Emmaus-Gemeinschaft Deutschlands, die 1959 in Köln gegründet wurde.

Beim Kölner Katholikentag 1956

Die Emmaus-Bewegung fasste schon Ende der 1950er Jahre Fuß in Südamerika. Abbé Pierre in Equador mit Bischof Leonidas Proaño …

… und in Mendoza (Argentinien)

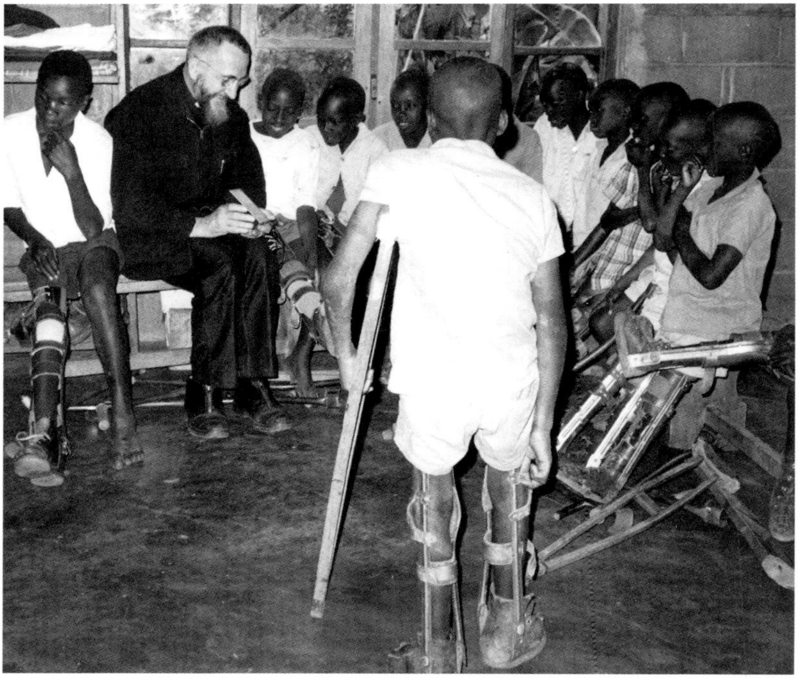

Zu Besuch im Heim für gehbehinderte Kinder und Jugendliche in Gatagara (Ruanda)

Besuch der Gedenkstätte Auschwitz 1995

Eine innige Freundschaft verband Abbé Pierre mit dem brasilianischen Bischof Helder Câmara.

Im Gespräch mit dem XIV. Dalai Lama (1999)

Zwei Jahre lang hatte Tisserant alles versucht, und noch am 2. Juni, das heißt am Vorabend der alliierten Landung in der Normandie, hatte er seinen letzten Versuch unternommen, eine päpstliche Ermunterung zu erwirken. Am 13. Juni erst, als die Landung der Befreier bereits geglückt war, erhielt er folgenden Text im Namen Pius' XII. und unterzeichnet von Domenico Tardini:

„Ich habe die Ehre, Eurer Erlauchten Eminenz auf Geheiß meines Eminenten Vorgesetzten mitzuteilen, dass Ihr Brief, datiert vom 2. Juni, bezüglich des geistlichen Beistands der im ‚Maquis'[14] *kämpfenden Männer durch mich der erhabenen Beachtung des Heiligen Vaters unterbreitet wurde. Seine Heiligkeit hat in brüderlicher Eile erwogen, was Eure Eminenz seiner Erwägung unterbreitet hatte. Er hat mündlich angeordnet, dass der französische Episkopat für die spirituelle Betreuung der Kämpfenden Sorge tragen soll und zu diesem Zweck den Index Facultatum der Konsistorialkongregation, publiziert unter dem Datum des 8. Dezember 1939, anwenden soll. Der Apostolische Nuntius in Frankreich ist von diesem souveränen Entscheid informiert worden."*

Am Abend desselben 3. August verlas ich dieses Dokument im Radio trotz meines Widerwillens gegen die angebliche „brüderliche Eile", um den noch Zögerlichen mitzuteilen, dass die höchste moralische Autorität sie nun endlich zum Handeln ermuntere. Ich kommentierte die Lesung mit den folgenden Worten, die mir dann Vorwürfe eintrugen: „Hier wird also, seit Rom befreit ist, unseren ‚Priestern im Maquis' Recht zugebilligt, die sich ohne Zögern seit den ersten Minuten der Deportationen zur Unterstützung des Widerstands entschlossen hatten und unserer kämpfenden Jugend beigestanden sind, im Widerstand gegen jede Beleidigung und Beschämung, im sicheren Instinkt ihres Gewissens und entschlossen, mit dem Betrug einer erheuchelten Legalität zu brechen und sich damit

14 Maquis = Buschwald; Bezeichnung für die französischen Partisanen der Résistance im Zweiten Weltkrieg (Anm. d. Übers.)

den Schimpfnamen ‚Renegaten' zugezogen hatten … Es ist gut, für Söhne und Freunde endlich die Stimme ihres Vaters in Rom zu vernehmen, der sagt: ‚Gut so!'"[15]

Zwei Tage darauf lud mich de Gaulle zum Frühstück ein. Bei unserer Konversation, die er wie gewohnt mit seinen freundlichen Spötteleien zu würzen verstand, gratulierte er mir zum „neutralen Ton", mit dem ich das römische Dokument kommentiert hatte!

Als der Krieg endete, wurde ich ohne besondere Kompetenz zum Abgeordneten gewählt, und während sechs Jahren bat ich zweimal um eine päpstliche Audienz. Doch nie haben wir bei diesen Gelegenheiten über die Kriegszeit ein Wort verloren.

Das war die Zeit, da ich die Exekutive des MUCM, der „Weltbewegung für Föderalismus", leitete. Deren letzter Kongress, den ich zu leiten hatte, fand in Rom statt. Der Rat der Bewegung hatte um eine päpstliche Audienz gebeten.

Wir waren Delegierte aus allen Nationen und Religionen der Welt. Im Moment, da der Papst aus seinem Ärmel seine sorgfältig redigierte Rede zog, die noch am gleichen Tag im *Osservatore Romano* erschien, erkannte er unter uns einen protestantischen Pastor, André Trocmé, einen der bewundernswertesten Retter jüdischer Kinder, und der Papst sagte mir: „Wollen Sie vielleicht den Herrn Pastor fragen, ob es für ihn nicht ein wenig peinlich sei, auf einem Foto neben dem Papst zu erscheinen?" Er stand zwei Schritte neben Pius XII. und sagte: „Weshalb meinen Sie, es wäre mir unangenehm, auf einem Foto neben meinem Bruder in Christus zu erscheinen?"

Besser habe ich Johannes XXIII. gekannt, der während meiner Parlamentszeit Nuntius in Paris war. Ich sah ihn fast jeden Monat und er war zuweilen mein Beichtvater. Wir standen uns sehr nahe.

---

15 „Der Betrug einer erheuchelten Legalität" war die der von vielen Katholiken unterstützten, mit den deutschen Besetzern kollaborierenden Vichy-Regierung Pétains (Anm. d. Übers.).

Nach meinen Gesprächen mit ihm und lange vor dem Konzil strich ich in meinem Missale am Karfreitag die Fürbitte für die Juden mit dem unerträglichen Ausdruck „treulose Juden" (perfidi Iudaei) – treulos wegen ihres „Gottesmords" – aus. Gott sei Dank wurde dieser Antisemitismus, der so lange viele Christen vergiftet hatte, vom Konzil offiziell weggefegt.

Msgr. Montini, den künftigen Papst Paul VI., hatte ich mehrmals getroffen, denn er war bei jeder meiner Begegnungen mit Pius XII. dabei. Nach seinem Rücktritt vom Staatssekretariat, als das hohe Alter Pius' XII. in Rom alles lähmte, wurde er Erzbischof in Mailand, und er lud mich auch ein, in seiner Kathedrale zu predigen.[16]

Mit Johannes Paul II. hatte ich mehrere Begegnungen. Jene, bei der er mich nach meinem Alter fragte, vergesse ich nicht. Bevor er noch Gelegenheit hatte, mir zu sagen: „Also ist der Papst jünger als Sie", hatte ich gesagt: „Ja, der Papst ist jünger. Aber vielleicht macht er als Bischof von Rom, was alle seine Kollegen auch tun müssen: mit fünfundsiebzig Jahren ihre Demission einreichen, und falls dies von Ihren Wählern angenommen wird, können Sie, von all Ihren Verantwortungen befreit, Ihr Leben beschließen." Lachend antwortete er mir: „Ja, das kann man sich überlegen." Wir alle wissen, dass er, obwohl krank und jenseits seiner 75 Jahre, nicht auf sein Amt verzichtet hat. Es geht ein Gerücht um, dessen Bestätigung wundervoll wäre. Er habe eine Kommission beauftragt, alle menschlichen Fehler der Kirchengeschichte (was für eine Aufgabe!) zu sammeln, damit er als Haupt dieser Kirche und Vertreter Jesu Christi Jesus und die Menschheit zum Millennium um Vergebung bitten könne. Durch

---

16 Wieder spielt das Gedächtnis dem Abbé einen Streich: Er nennt Montini „Kardinal Erzbischof von Mailand". Das war er gerade nicht, sonst hätte er an der Papstwahl im Jahr 1958 teilgenommen und wäre gar wohl damals schon zum Nachfolger Pius' XII. gewählt worden. Doch Montini war nicht im Konklave, weil ihn Pius seltsamerweise (oder aufgrund der Vorsehung) nicht zum Kardinal ernannt hatte (Anm. d. Übers.).

solche Gesten – ich denke auch an den interreligiösen Gebetstag um Weltfrieden in Assisi im Jahr 1986 – und manch andere beispielhafte Taten hat dieser Papst sehr wohl bewiesen, dass er ein Mann des Evangeliums ist.

Leider finde ich ihn weit weniger inspiriert, wenn es sich um Fragen der Kirchendisziplin und der Sexualmoral handelt. Als er zum Beispiel in eine von AIDS verwüstete afrikanische Nation kam, hatte er nichts weiter zu erklären als: „Da gibt es nur ein einziges Heilmittel, und zwar sexuelle Abstinenz." Das heißt tatsächlich Reden zu halten, um nichts zu sagen, inmitten unserer Menschenbrüder, von denen die Mehrzahl zudem polygam ist und soziales Ansehen nur mit einer großen Zahl von Söhnen erlangt. Jeder hätte sich doch weit besser verstanden gefühlt, wenn er vom römischen Besucher gehört hätte: „Ob ihr polygam seid oder nicht, die sicherste Prävention gegen diese Epidemie ist die sexuelle Treue der Partnerin gegenüber. Wenn dir Gatte und dir Gattin (oder mehreren, falls du solche hast) ein Arzt eure Gesundheit bestätigen konnte, bleibt einander sexuell treu, dann seid ihr vor dieser Pest sicher."

Wie sollte man es in diesem Zusammenhang vermeiden, ein Wort zur sogenannten päpstlichen Unfehlbarkeit fallen zu lassen, die so oft falsch verstanden wird?

Die Fakten sind klar: Wenn auch gewisse Päpste alles andere als ein ethisch vorbildliches Leben geführt haben: Die Lehre haben diese Kirchenoberhäupter nie dem Irrtum preisgegeben. Im Verlauf der Jahrhunderte hat man nie auch nur im Geringsten am Credo gerüttelt. Im Übrigen ist es vielleicht an der Zeit, es in einem Stil zu erklären, der heute allgemein verständlich ist. Aber grundsätzlich ist die kirchliche Lehre trotz der persönlichen Verirrungen dieses oder jenes Papstes der ursprünglichen Botschaft treu geblieben. Und darin besteht die päpstliche Unfehlbarkeit in Sachen des Glaubens.

Es ist klar, dass es sich völlig anders verhält, was die Leitung der Kirche betrifft. Da ist der Heilige Geist nicht der Regent. Er assistiert zwar den legitimen Autoritäten, aber es war nicht er, der die Prälaten erleuchtete, als sie Galilei verurteilten!

Als ich las, dass Kardinal Ratzinger demütig erklärt habe, bis heute habe das kirchliche Lehramt noch nicht viel Hilfreiches zum Weltbevölkerungsproblem gesagt[17], habe ich es mir nicht verkneifen können zu denken: „Was für eine Chance! Denn es ist doch recht wahrscheinlich, dass man sich unter dem Druck, „etwas Nützliches" in einer so hochwichtigen Sache zu verkünden, wieder einmal dem Risiko ausgesetzt hätte, etwas zu sagen, das man alsbald wieder zu korrigieren sich gezwungen gesehen hätte ...

Dazu kann ich eine überraschende Überlegung, die mir Kardinal Tisserant übermittelte, nicht vergessen. Seine Familie lebte in Nancy, wo ich mein Mandat als Parlamentsabgeordneter erhalten hatte, und darum wünschte er mich jedes Mal zu sehen, wenn ich nach Rom kam.

Eines Tages lud er mich ein, die Wohnhäuser zu besichtigen, die er für kinderreiche Familien in der Umgebung Roms in seiner Diözese bauen ließ. Auf der Fahrt im Wagen sagte er mir: „Haben Sie schon von den Experimenten gehört, die die Amerikaner mit einem in Puerto Rico entdeckten pflanzlichen Wirkstoff machen? Die dortigen Eingeborenen behaupten, dass dieser Pflanzensaft empfängnisverhütende Eigenschaften habe. Man hat seither diesen Stoff chemisch analysiert und künstlich reproduziert. Es handelt sich also um einen natürlichen Stoff, vom Schöpfer selbst in seine Schöpfung gelegt, auch wenn er jetzt synthetisch im Labor produziert wird." Dann klopfte er mir aufs Knie und meinte: „Wie werden nun unsere Moraltheologen sich winden, um zu erklären, es sei nicht richtig, sich solcher Mittel zur Verhütung zu bedienen, die der Schöpfer uns ge-

17 In: Die Zeit, 29. 11. 1991. Kardinal Ratzinger sagte damals „so weit ich sehe", wobei ihm offenbar die vom II. Vatikanum in GS 50 genannten Kriterien zur Bestimmung der Kinderzahl durch die Eltern entgangen waren (Anm. d. Übers.).

nau in dem Augenblick entdecken lässt, wo wir mit dieser enormen demografischen Herausforderung konfrontiert sind?"

Mit diesen Worten aus dem Mund eines Kardinals wurde ich zum ersten Mal mit der endlosen Kontroverse konfrontiert, die die Pille später auslösen sollte.

Vor einigen Jahren wurde ein anderer Kardinal von einem meiner Brüder in einem recht schwierigen Fall eifriger, doch mittelloser Christen konsultiert, die sich in einer schwierigen ethischen und psychologischen Situation befanden. Er wurde gefragt: „Konsultieren Sie mich als Kardinal oder als Beichtvater? Falls als Kardinal, so können Sie die päpstlichen Ansprachen lesen. Falls als Seelenführer, geben Sie den Leuten den Bescheid, mich persönlich aufzusuchen. Dann vermag ich in deren aussichtslos scheinendem Fall einen Rat zu geben, mit dem diese gewissenhaften Menschen wohl zu leben vermögen." Zunächst war ich schockiert angesichts solch scheinbarer Doppelzüngigkeit. Doch sehr rasch verstand ich dann die pastorale Klugheit dieser Antwort.

Die Menschheit ist wie ein Schiff, das sich in der Nacht den Weg bahnt. Evangelium und Kirche sind wie ein Leuchtturm am Ufer. Seine Position musste mit äußerster Genauigkeit geplant werden: Das ist die Richtigkeit der Botschaft und der Lehre. Doch was nützt ein noch so raffiniert platzierter Leuchtturm, wenn er ohne Licht bleibt? Dann läuft das Schiff gleichwohl auf das eine oder andere Riff.

Doch auch die exakte Lage eines Leuchtturms entbindet uns nicht von unserer persönlichen Verantwortung. Vergessen wir nie, dass es von unserem Eifer als Christen abhängt, ob er leuchtet. Dieses Licht, das die Wahrheit leuchtend macht, tut der Menschheit not.

„Daran werden alle erkennen, dass ihr meine Jünger seid: an der Liebe, die ihr füreinander habt" (Joh 13,35).

DRITTES KAPITEL

Der Begegnung entgegen

Im ersten Teil dieses Buches haben wir gesehen, wie ich zur Wahl des Mysteriums anstelle der Absurdität und der Hoffnung anstelle der Verzweiflung geführt wurde, als ich unter den vom Leben Verwundeten gelebt habe. Im zweiten Teil wollte ich die Gewissheit meines Glaubens an einen unwissbaren Gott der Liebe mit meinen Lesern teilen.

Für den Glaubenden und für den Privilegierten, der Jesus und dessen Frohbotschaft kennenlernen durfte, besteht das Menschenleben in einer Reise oder einem langen und mühsamen Marsch zur lange erwarteten Begegnung mit dem Ewigen, der Liebe ist. Doch diese Pilgerschaft auf Erden hat nichts mit einem passiven Warten zu tun.

Das ist es, was es nun noch zu meditieren gilt. Dieser Glaubensweg, den es in einem geistlichen Kampf zu bestehen gilt, führt zu innerer Befreiung. Er verlangt nach Einsatz für Gerechtigkeit und Kampf gegen jede Unterdrückung. Er kann nicht bestanden werden, ohne sich in Anbetung und Gebet immer wieder zu stärken. Er bringt Wachstum und Umwandlung im Leiden. Er bereitet uns unablässig auf das Sterben vor, das die Hochzeit unseres Lebens sein wird. Und für mich kann der Tod nur ins Auge gefasst und durchlebt werden im Licht des ständig geschenkten Lichts göttlichen Verzeihens.

Von diesem Weg des Glaubens und der Liebe, immerdar getragen vom Hoffen, möchte ich in diesem letzten Teil sprechen.

Du, der Freiheit schenkt

Im Sommer 1996 hatte ich die Freude, mit meinem Bruder in Christus Dom Hélder Câmara in Brasilien das Sechzig-Jahr-Jubiläum seines Priestertums feiern zu dürfen. Gehasst von einem Teil des reichen brasilianischen Klerus, der ihn als „roten Bischof" verleumdete, ist Hélder Câmara die Hoffnung der Armen und all derer, die trotz des Luxus der Kirche und ihrer Komplizenschaft mit den ausbeutenden Großgrundbesitzern den Glauben an die Frohbotschaft noch nicht verloren haben.

Sogleich nach seiner Ernennung zum Bischof von Recife hat Hélder Câmara seinen aufwändig getäfelten Bischofspalast mit einem bescheidenen Haus inmitten einer der Barackensiedlungen seiner Bischofsstadt vertauscht. Seine evangelische Geste bescherte ihm heftigste Reaktionen, und jahrzehntelang wurde sein Leben bedroht.

Eines Morgens, als er seinen Fensterflügel öffnete, erblickte er im Hof einen seiner jüngsten Priester, gemartert und erhängt, mit ausgerissenen Augen und einem Schild um den Hals: „Du bist der Nächste". Man warf ihm vor allem vor, dass er Politik betreibe. Es lag ja klar zutage, dass er sein Leben der Verkündigung des Evangeliums und der Hilfe für die Ausgebeuteten verschrieben hatte. Natürlich hatte sein Leben im Dienst einer besseren Achtung der Menschenwürde politische Auswirkungen. Wir können ja nicht übersehen, dass der christliche Glaube notwendigerweise auch den Einsatz in der Zivilgesellschaft zur Folge hat und dass Rechtlosigkeit nur bekämpft werden kann, wenn man für eine gerechtere Verteilung der Güter unter Menschen eintritt.

Während dieser Feier war der neu ernannte bischöfliche Nachfolger Dom Hélders nirgendwo zu sehen. Als ich die unzählbare Masse ärmlicher Menschen erblickte, die Dom Hélder die Ehre gaben, war mir der Grund völlig klar. Wie konnte sein bischöflicher Nachfolger da auftauchen, der seit dem Rücktritt Câmaras all dessen Initiativen rückgängig zu machen versucht hatte? Gleichwohl beehrten ihn fünf bischöfliche Kollegen zu seinem Jubiläum, doch feierten sie den Gottesdienst ohne Mitren und ohne goldene Brustkreuze, nur mit einfachen Holzkreuzen an einem Band.

Gegen Ende der Feier saß ich neben einem holländischen Missionar, der mir sagte, der neu ernannte bischöfliche Nachfolger habe jeden Einzelnen seiner Priester der Reihe nach zu sich gerufen, wie es sich für einen Vorgesetzten gehört, und jeder hatte ihm sein Apostolat zu beschreiben. „Als ich an der Reihe war, erklärte ich ihm: ‚Es sind nun 25 Jahre, dass ich in Brasilien arbeite. Dom Hélder sandte mich zur Evangelisation in eine ländliche Region mit großem Elend. Oft leiden die Menschen unter Trockenperioden, und die Männer gehen dann weit weg, um für ihre Familien Arbeit zu finden. Unter dieser allerärmsten Bevölkerung verkünde ich das Evangelium, spende die Sakramente, unterrichte den Katechismus und alphabetisiere die Unwissenden.' Da haut der neue Bischof auf den Tisch und erklärt: ‚Aber Padre, das ist nicht Evangelisation, das ist Politik! Alphabetisierung ist Politik.'"

Natürlich hatte dieser Bischof völlig recht: Alphabetisierung macht die Leute aufgeweckter, da werden sie sich ihrer Menschenrechte bewusst, werden selbstständiger und damit von Machthabern weniger manipulierbar. Was nutzt es, die Völker zu evangelisieren, wenn man ihnen nicht zu besserer Bildung verhilft? Was nutzt es, ihnen das Wort zu verkünden, wenn sie unfähig sind, es selber zu lesen und sich anzueignen? Was dieser Bischof fürchtete, war, dass die Armen die vielen Seiten des Evangeliums entdecken könnten, die Ungerechtigkeit verdammen und die Menschen zum Teilen und zur Solidarität aufrufen. Deshalb hat das Evangelium, obgleich es keine direkte politische Botschaft enthält, zwangsläufig seine Konsequenzen und mächtige Auswirkungen auf dem Feld der Politik. Das ist genau der Grund, weshalb im Verlauf der Geschichte die wohlhabenden Machthaber sich ständig den Klerus hörig zu machen versuchten, damit er gewisse Seiten des Evangeliums unterschlage und nicht bekanntgebe!

In einem völlig anderen Zusammenhang war ich einige Jahre zuvor von Kardinal Léger nach Kanada eingeladen worden. Er hatte mich gebeten, bei einem Bankett, das von katholischen Unternehmern und Sozialarbeitern seiner Diözese organisiert worden war, über das Problem der von der Gesellschaft Ausgegrenzten zu sprechen. Ich war empört, als ich den Luxus sah, in dem ein Teil des kanadischen Klerus lebt, und als ich die Prälaten in ihren stolzen Limousinen anrücken sah. Ich erklärte jenen, die gekommen waren, um sich ein gutes Gewissen zu verschaffen: „Glauben Sie nicht auch, dass ein Teil des Elends der Menschheit und der Kirche der Schlauheit zu verdanken ist, mit der wohlhabende Gläubige es verstehen, ihren Klerus mit ihrem eigenen luxuriösen Lebensstandard zu verwöhnen, um zu garantieren, dass ganze Teile der Frohbotschaft unterschlagen und nie gepredigt werden?" Eisiges Schweigen war die Antwort. Dann kam zögerliches Händeklatschen von einer Schar jüngerer Mitglieder der Katholischen Arbeiterjugend und breitete sich allmählich über einen Teil des Publikums aus.

Ein Jahr darauf gestand mir der Kardinal: „Das Nachbeben Ihrer Intervention in meiner Diözese war die grausamste Prüfung, die ich in meinem ganzen Priesterleben durchzustehen hatte. Doch geben Sie nicht auf, das Evangelium auf Ihre Art auszulegen!"

Dreißig Jahre später wurde ich noch einmal von Légers Nachfolger eingeladen. Ich nahm an einer Versammlung von dreißig katholischen Großunternehmern teil. Nach der Messe wurde ich in ein unglaublich luxuriöses Restaurant geladen, und man bat mich um das Tischgebet. Da wagte ich zu sagen: „Sind Sie sich des Widerspruchs bewusst? Soeben kommen wir vom eucharistischen Kommunionempfang. Am Gründonnerstagabend nach der Einsetzung dieses Festes ging Jesus hin, um im Garten von Getsemani seinen Todeskampf zu bestehen. Doch Sie laden mich ein zu diesem pompösen Gelage mit livriertem Personal, goldenen Leuchtern und einem Menü, das für drei Tage reichen dürfte. Ihre Versammlung, in der ich im Übrigen keinen Gewerkschaftsvertreter entdecken konnte (die sind doch auch ihre Mitunternehmer), wäre meiner Meinung nach eher mit der Eucharistie Jesu im Einklang, wenn wir uns mit einem Teller Suppe und zwei Sardinen begnügen würden." Diesmal gab es keinerlei Applaus.

Die christliche Botschaft hat notwendigerweise politische und soziale Konsequenzen. Doch umgekehrt besteht das Risiko, dass man den Nachdruck einzig auf diese Dimension legt und vergisst, dass der Zweck des Christentums vor allem ein spiritueller ist. Solches Vergessen kann eine Befreiungstheologie hervorrufen, wie man sie in Lateinamerika kennt. Als Karikatur hat sie sich dort leider zuweilen als hilfreicher Arm des Marxismus gebärdet. Das ausschließliche Ziel wurde eine politische Befreiung, die alle, selbst gewalttätige Mittel rechtfertigte.

Persönlich habe ich ebenso wenig wie Dom Hélder je eine solche Interpretation und einen solchen Missbrauch der Botschaft Christi unterstützt. Für einen gläubigen Christen kann wirtschaftliche und politische Befreiung nie zu einem Selbstzweck werden, den man mit jedem nur möglichen Mittel betreibt. Wahre Befreiungstheologie ist die Befreiung von Ungerechtigkeit durch eine mächtigere Liebe. Diese zwei Realitäten darf man nie voneinander trennen. Das ist die Botschaft von Câmara, Martin Luther King und Mandela, auch von Nichtchristen wie Gandhi oder des Dalai Lama. Gewalt erzeugt nur Gegengewalt, und hat man sich von Tyrannei befreit, werden die Befreiten ihrerseits zu neuen Tyrannen. Der Kollaps des europäischen Marxismus, der ja erst vor Kurzem eingetreten ist, ist ein erschreckender Beweis dafür.

Das ist natürlich eine schwierige und anspruchsvolle Aufgabe für die Unterdrückten. Ich erinnere mich, wie man vor zwanzig Jahren in Brasilien noch Hetzjagden auf Indios organisierte, als ob sie bloß Wild wären. Da muss man doch den Zorn jener verstehen, die sich so verachtet und massakriert sahen. In solchen Situationen kann sich doch der Priester nicht als Polizist im Dienst von Diktatoren missbrauchen lassen. Doch ebenso wenig kann er sich zum blutrünstigen Rächer der Verfolgten machen. Er muss die Unterdrückten ihre eigene Würde fühlen lassen und den Befreiungskampf mit so wenig Gewalttätigkeit wie möglich zu führen lehren. Er muss als Hauptaufgabe auch versuchen, die Ausbeuter zur Einsicht zu führen, und alles tun, um ihr Gewissen wachzurütteln.

Als ich zur Präsentation unseres Films *Winter 1954* nach Brasilien kam, wurde mir Gelegenheit geboten, mich im Fernsehen Millionen von Zuschauern vorzustellen. Das war gerade während der Schulferien. Ich wandte mich besonders an die Jugend der wohlhabenderen Familien und sagte ihnen: „Ihr könnt es euch leisten, im Urlaub nach Europa zu fliegen, euch in besseren Hotels und an privaten Badestränden usw. zu erholen. Habt ihr euch auch je die Frage gestellt: Woher kommt denn unser Vermögen? Wer hat es erwirkt? Wo kommt es denn her? Es ist doch meist das Resultat fürchterlicher Massaker. Wer in eurer Geschichte am meisten Indios schlachtete, erhielt von der Krone zur Belohnung eine ganze Provinz. Und doch genießen heutzutage eure Eltern euren hohen Lebensstandard – nur um den Preis von welch großer Ungerechtigkeit?"

Neben einigen marxistischen Befreiungstheologen, die der Vatikan zu Recht verurteilt hat, gibt es Gott sei Dank auch andere, für die aus wahrhaft christlicher Motivation die unverzichtbare Verbindung von Gerechtigkeit und Liebe nie in Frage stand.

Doch ich meine, wir müssen noch viel tiefer gehen. Die eigentliche Befreiung, die uns Christus gebracht hat, ist eine viel grundsätzlichere. Sie geht ans Herz jedes Individuums und betrifft nicht nur die Gesellschaft. Das ist die Befreiung von dem, was „Sünde" heißt. Dieses Wort ist heutzutage leider schwer belastet von einem moralisierenden und Schuldbewusstsein erzeugenden Sprachgebrauch, der es zu einer fast unbrauchbaren Vokabel gemacht hat. Und dennoch ist Sünde eine grundlegende Realität, die es richtig zu begreifen gilt. Die Bibel zeigt das eigentliche Wesen von Sünde in der mythischen Genesiserzählung, die man selbstverständlich heute nicht mehr im überholten Wortsinn als historisches Geschehnis verstehen darf, was ja nur Gelächter hervorruft. Diese Erzählung vermittelt Einsicht in tiefste philosophische und psychologische Wirklichkeiten. Sie behauptet, dass das Wesen der Ursünde in Ungehorsam und Widerspruch gegen die gottgegebene Ordnung bestehe: „Du sollst nicht essen vom Baum der Unterscheidung von Gut und Böse." Das heißt doch: Versuche nicht, dich jenseits des Unterschieds von Gott und Mensch zu wähnen, sodass du Gut und Böse nicht mehr zu scheiden vermagst.

Sünde besteht in der Absicht, nicht mehr von Gott abhängig sein zu wollen und darauf zu bestehen, unser eigenes Geschick durch grenzenlose Selbstverwirklichung bestimmen zu wollen, ohne jegliche göttliche Hilfe. Das heißt, sich mit seiner eigenen Kategorie von Gut und Böse, „jenseits von Gut und Böse", sein Heil zu schaffen, ohne jeglichen Bezug zur Herrschaft Gottes.

Solche Urwahrheit von Sünde besteht nicht in geschlechtlicher Lust, wie man dummerweise immer wieder hört. Es ist der menschliche Stolz gegenüber Gott, seinem Schöpfer. „Ich will mir nicht von Gott etwas vorschreiben lassen, ich genüge mir selbst, ich brauche weder Hilfe noch Retter noch Erlöser, denn ich mache Gebrauch von meiner Freiheit, um zu tun, was immer mir gefällt, und darüber bin ich niemandem Rechenschaft schuldig."

Von diesem Moment an schlägt ein Kain seinen Bruder Abel tot, der Stärkere den Schwächeren, „survival of the fittest". Kurz, die ganze Menschheitsgeschichte mit ihrer endlosen Kette von Verbrechen, Gewalttat, Unrecht usw. zieht an unserem inneren Auge vorbei.

Weshalb? Weil wir freiwillig unsere Verbindung zu Gott abgeschnitten haben, haben wir damit unseren Sinn für echte Freiheit gegen Willkür eingetauscht. Wir vergessen, dass der ganze Zweck unserer Freiheit nur im Dienst der Liebe besteht.

Heil und Befreiung, die uns Christus vermittelt, dienen dazu, uns des wahren Charakters unserer Freiheit bewusst zu werden. Sie machen uns auch frei von der Furcht vor der unberechenbaren Willkür des Nächsten. Wir fürchten ja ständig, von ihm angegriffen oder vergewaltigt oder ermordet zu werden. Das Heil Christi fegt solche Furcht hinweg und ersetzt sie durch Vertrauen und Liebe. Die eigentliche Befreiung ist also eine innere.

Dom Hélder Câmara verstand dies ausgezeichnet, als er schrieb: „Wenn wir von Befreiung von äußeren Gewalten reden, die uns bedrängen, sollten wir uns immer vergegenwärtigen, dass wir selbst mit unserer inneren Befreiung beginnen müssen. Wie kann einer, der Sklave seiner selbst ist, andere zu befreien versuchen? Er kann das nur, wenn er zuerst sich selber frei gemacht hat. Frei ist nur, wer sich freiwillig beherrscht, um richtiger, persönlicher und gemeinsamer Regulierung Folge zu leisten."

Wir sind wahrhaft empört über wirtschaftliche, soziale und politische Unterdrückung, doch wir weigern uns, den täglichen harten Kampf für unsere eigene innere Befreiung zu bestehen. Umgekehrt haben wir uns zuweilen zwar um unsere eigene Bekehrung bemüht, doch bilden wir uns deshalb etwas auf unsere „Tugendhaftigkeit" ein und werden damit blind für den Zorn der Liebe gegen die Ungerechtigkeiten, unter denen unsere Brüder und Schwestern schmachten.

Auf einem Planeten, der zwar von vielerlei Ressourcen überfließt, doch auf dem die Mehrheit seiner Bewohner nicht einmal das Existenzminimum erreicht, sind die eigentlichen Weltmeister der Freiheit jene, die diesen Planeten der Hand derer entreißen, die die Liebe verweigern. Dem westlichen Menschen tut heute nichts mehr not, als diesen wahren Sinn der Freiheit wiederzuentdecken.

Eine kleine Geschichte kann diese Verirrung besser illustrieren als eine lange Rede.

Da verbringt ein Geschäftsmann aus dem Westen seinen Urlaub in Indien. Am Ufer sieht er einen Fischer, der mit einem Fang daherkommt. Er bewundert ihn und sagt: „Das nennt man Glück! Wenn du wieder losgehst, komm ich mit, damit du mir zeigst, wie du zu deinem Fisch kommst."

„Wieder losgehen, um dir meine Fangtechnik zu zeigen? Wozu denn?", fragt der Fischer.

„Um dir zu zeigen, wie man mehr Fische kriegt", antwortet der Geschäftsmann.

„Doch wozu?"

„Wenn du mehr fängst, kommst du mit mehr heim."

„Doch wozu?"

„Wenn du mehr zu verkaufen hast, kommst du zu mehr Geld."

„Doch wozu?"

„Dann kannst du dir ein Boot kaufen."

„Doch wozu?"

„Mit dem Boot fängst du mehr Fische."

„Wozu denn?"

„Dann kannst du Arbeiter anheuern."

„Doch wozu denn?"

„Die werden dann für dich arbeiten."

„Und wozu?"

„Damit du reich wirst."

„Wozu denn?"

„Damit du dich ausruhen kannst."

Da sagt der Fischer ungeduldig: „Das ist genau das, was ich mir jetzt gestatte."

Der Westen ist genau in dem Maß verrückt geworden, als er sich einem Idol von Freiheit verschrieben hat und nicht mehr weiß, was er damit anfangen soll. Freiheit ist ihm zum Selbstzweck geworden, statt zu einem Mittel für mehr Liebe, und so wurde sie ihm zum Riss, zur Sackgasse und zur Leere. Christus kam, um diese verlorengegangene Freiheit wiederzubringen, indem er uns die dazu nötige Fähigkeit zu innerer Freiheit verschafft.

Ich glaube, dass sich die Jugend des Westens mehr und mehr dieser Botschaft der Hoffnung öffnet, obgleich ihre Suche danach sehr verschiedene Formen annimmt und sich nicht aus explizit christlichen Glaubensquellen nährt. Viele haben verstanden, dass Freiheit um der Liebe willen existiert, und sie engagieren sich für spirituelle Erfahrungen und soziale Aktionen, um innere und äußere Befreiung zu erwerben, ohne die die Welt sich nur immer tiefer in Hass, Gleichgültigkeit und Sinnlosigkeit vergräbt.

Menschenbrüder

Jesus lehrte nichts als Nächstenliebe. In dem Maß, in dem ich mich bemühte, seine Botschaft zu praktizieren, habe ich mich ein Leben lang zu lieben bemüht. Ich hätte diesen Weg in einer Mönchsgemeinschaft gehen können, wie ich es anfänglich versucht habe. Doch Gottes Vorsehung hatte anderes beschlossen und zog meinen Lebensfaden aus dem Nadelöhr. Ich wurde aus dem Kloster entführt zu einem Apostolat als Krankenhausseelsorger in den Bergen, dann als Domkaplan, um mich endlich völlig in die übergroße Not der Obdachlosen und der aus verschiedensten Gründen aus der etablierten Gesellschaft Verbannten hineinzubegeben.

Dieses lange Leben zusammen mit am meisten am Leben leidenden und gestrandeten Existenzen hat mich nicht bloß verstehen gelehrt, in welchem Maß Bruderliebe das Herzstück jeder sich christlich nennenden Existenz zu bilden hat, sondern auch, dass Solidarität gegen Verelendung und Ungerechtigkeit für jeden Menschen die entscheidende Wahl seiner Menschlichkeit darstellt. Derjenige, der sich tüchtig dafür engagiert, gibt seinem Leben damit Sinn, und dies macht ihn zu einem vollwertigen Partner im Aufbau der Gottesherrschaft.

Wir alle verfolgen ja dasselbe Ziel: das Glück im Leben. Die Frage ist nur die Wahl der Mittel, in welcher Kultur, in welchem Milieu oder in welcher Epoche wir auch immer leben. Jeder Mensch sieht sich genötigt, zwischen zwei Wegen zu wählen: entweder ohne den Nächsten nur nach seinem eigenen Glück zu jagen, oder zusammen und mit den anderen glücklich zu werden, ein bloß selbstbezogener Egoist oder aber ein mit anderen solidarischer Gemeinschaftsmensch zu sein. Diese Wahl, die jeden Morgen getroffen wird, ist die allerwichtigste, denn sie entscheidet darüber, worin unser Leben besteht. Sie ist jene, die unser Menschsein formt.

Sich dafür zu entscheiden, sich selbst zu genügen, heißt, sich selbst, ohne alle Rücksicht auf die Bedürfnisse, die Leiden und die Nöte anderer, zu verwirklichen. Damit macht man sich zu allem fähig: zu vernichten, auszuplündern, auszubeuten, die anderen zu negieren, nur um zu seinem eigenen Ziel zu kommen. Furcht vor Gesetz und Bestrafung mag ja oft an der Ausführung dieses Zweckes hindern, doch in der Tiefe des Herzens bleibt solche Wahl getroffen. Der andere Weg ist jedoch der eines solidarischen Menschen, der sich selber realisiert zusammen mit und durch die Nächsten, im wachen Hören auf deren Nöte und Bedürfnisse. Daran entscheidet sich die Qualität eines jeden als Mensch. Das heißt, sein Glück zu finden im Teilen der Freuden und Leiden der Nächsten, ob man an Gott und seinen Jesus glaubt oder nicht.

Am Beginn der Emmaus-Bewegung kam einst ein betagter belgischer Priester, der das Leben einer unserer Gemeinschaften teilte, um sieben Uhr morgens zu mir: „Père, das muss ich Ihnen erzählen. Heute Nacht klopft es an die Haustür, und einer unserer Gefährten öffnet. Da steht der städtische Polizeikommissar. Glücklicherweise erkennt er den Gefährten nicht. Der hatte eben einige Tage wegen Trunkenheit in der Arrestzelle des Kommissars verbracht. ‚Monsieur', sagt der Kommissar, ‚da kommt eine Mutter mit vier Kleinen auf den Polizeiposten geflüchtet. Ihr Gatte tobe und er drohe sie zusammen mit den Kindern zu ermorden. Ich habe vergebens nach einer Unterkunft gesucht, denn man kann sie nicht auf dem Posten lassen. Da kommt mir euer Haus in den Sinn.' Ohne Zögern sagt der Kamerad: ‚Herr Kommissar, her mit ihnen!' Er weckt seine Kameraden im Schlafraum. Die Typen stehen auf, machen ihre Betten mit frischer Wäsche bereit, bringen Mama und die Kleinen unter und vergraben sich selber in Berge von Altpapier für den Rest der Nacht (es war mitten im Winter). Am Morgen schlürften sie ihren Kaffee und flüsterten einander zu: ‚Halt's Maul, die Kleinen wollen schlafen!'"

Das berichtete mir der Pfarrer und fügte hinzu: „Père, welches Kloster hätte so gehandelt?"

Diese Wahl ist eine völlig persönliche, aber da gibt es auch Gemeinschaftsentscheidungen. Wollen wir eine solidarische Gesellschaft, die sich vor allem um ihre schwächsten und notleidenden Glieder kümmert, oder im Gegenteil eine egoistische, die die Schwächeren bedrückt oder sie am Straßenrand liegen lässt? Im ersten Fall kämpfen wir alle zusammen mit aller Kraft am Ausgleich unserer sozialen Unterschiede und bauen damit einen dauerhaften sozialen Frieden auf. Im zweiten Fall jedoch lassen wir zu, dass die sozialen Klüfte ständig größer werden, und wir werden damit nur wachsenden sozialen Zorn ernten. Ist das nicht genau der Weg, zu dem sich heute unsere reicheren Nationen entschlossen haben?

Hören wir nicht auf, das aller Welt laut und deutlich zu sagen! Es ist doch das größte Paradox, dass das einzige Mittel zu sozialem Ausgleich und Frieden ein unerbittlicher Kampf gegen das Elend der Massen, die Arbeitslosigkeit, die Korruption und den Rassismus ist. Keiner darf sich mehr gleichgültig verhalten, denn wenn er das tut, macht er sich zum Komplizen. Ein jeder muss rebellieren, wenn Kleinkinder hungern, Familien kein Obdach finden oder die Jugend keine Hoffnung auf anständige Arbeit hat. Ohne gebührenden Zorn und neue Initiativen, nach denen sie rufen – welche Hoffnung auf sozialen Frieden bleibt ihnen da?

Und das gilt natürlich genauso für den Weltfrieden. Internationaler Terrorismus und bewaffnete Konflikte gehen heute zum Großteil auf die wachsende Verelendung der Massen und die ständig größere Ungleichheit zwischen Nationen und Regionen des Planeten zurück. Der islamische Terror rekrutiert doch seine Anhänger nicht in den Villenvierteln Algiers, Kairos oder von Paris, sondern in den dortigen Elendsvierteln, in denen sie hausen, wo Not und Hoffnungslosigkeit und Überbevölkerung täglich wachsen.

Wie im Fall eines bewaffneten Konflikts muss doch heute die

ganze Bevölkerung mobilisiert werden, um unerbittlich Krieg gegen Arbeitslosigkeit, Rassismus und jede Art neuer Armut zu führen. Die Politiker müssen den Mut zur Erklärung finden: „Das ist ein Ausnahmezustand wie im Kriegsfall. Da tun Generalmobilmachung und Bereitschaft zu jedem Opfer not!" Und die Bürger müssen den Mut aufbringen, dergleichen mutige Männer und Frauen in die entscheidenden Ämter zu wählen.

Es gibt schmutzige Kriege, die eine aggressive Nation einer andern erklärt. Es gibt aber auch saubere und schöne Kriege, die man der wachsenden Ungerechtigkeit in der Verteilung der globalen Güter, dem Rassismus und der Verelendung gegenüber erklären muss, um unsere Gesellschaft vor drohendem Schiffbruch zu bewahren. Ein solcher Krieg könnte leicht die heutige Jugend stimulieren, die sonst keinen begeisterungswürdigen Horizont mehr sieht.

Die Gesetzgebung ist für normale Zeiten bestimmt, und darum ist bei Katastrophen ein rechtlicher Ausnahmezustand auszurufen. Dann herrscht das „Gesetz aller Gesetze", das darin besteht, alles Menschenleben zu retten und die Würde eines jeden zu achten. Während des Zweiten Weltkriegs sah ich mich so gezwungen, die rassenfeindliche Gesetzgebung der Vichy-Regierung zu missachten, um in der nationalen Widerstandsbewegung jüdisches Leben zu retten, das mein Staat den Nazis auslieferte. Im Namen des Gesetzes aller Gesetze, das sagt „du sollst lieben", habe ich nicht eine Sekunde gezögert, das Gesetz, das mir befahl, mit den Deutschen bei der schändlichen Vernichtung des jüdischen Volkes zusammenzuarbeiten, zu missachten.

Im sauberen Krieg für menschenwürdige Behausung, den ich zusammen mit den Emmaus-Gemeinschaften nun schon seit mehr als vierzig Jahren führe, hatten wir mehrmals ebenso geltendes Recht zu verletzen im Namen dieses Gesetzes aller Gesetze. Mehrmals hatte ich die Zivilverwaltung anzulügen oder sie entgegen alle Gesetzlichkeit vor vollendete Tatsachen zu stellen, um Familien in außerordentlichen Notfällen unterzubringen.

Ich erinnere mich an unsere erste Siedlung Champs-Fleuris. Das war ein Grundstück, das dem Bürgermeister gehörte, einem wunderbaren Freund, der es uns auf Kredit verkaufte. In Rekordzeit erstellten wir für neunzehn Familien, die auf der Straße lebten, Unterkünfte. Man beschuldigte uns, weder Trinkwasser noch Elektrizität noch Kanalisation eingebaut zu haben – alles notwendige Voraussetzungen dafür, dass diese vielen Menschen rechtmäßig und anständig ihr Leben fristen konnten. Die Sache wurde der Zivilverwaltung gemeldet, und ich erinnere mich noch an den Telefonanruf von Claudius-Petit, dem für Wohnen zuständigen Minister, einem alten Freund aus der Résistance, der mich andonnerte. Ich antwortete ihm: „Aber mein alter Freund, wenn du diese Familien nicht legal unterzubringen vermagst, dann muss man sie eben illegal logieren lassen und dich vor vollendete Tatsachen stellen. Zieh dich selber aus der Affäre!“ Das sind die Methoden, mit denen heute Aktionen wie die der „Droits devant“ („Voran mit den Rechten“) arbeiten.

Vor einigen Jahren habe ich von der außergewöhnlichen Geschichte einer Art von modernem Robin Hood gehört, der zu Beginn des Jahrhunderts gelebt hat. Er war Produzent von Falschgeld und verteilte es in Massen unter die Armen. Zweimal eingekerkert, entfloh er jedes Mal, doch das dritte Mal wurde er gehängt. Man begrub ihn im Friedhof eines kleinen Dorfs in der Umgebung von Sion in der Schweiz ohne Gottesdienst und ohne Grabkreuz. Doch siehe da, innerhalb kurzer Zeit kam es zu einem Phänomen, mit dem die Behörde nicht gerechnet hatte. Sein namenloses Grab wurde zu einem regelrechten Wallfahrtsort, und die Leute kamen von weit her, um diesem Rechtsbrecher zu danken. Sein Grab ist noch immer voller Blumen, und man hat darum sogar einen kleinen Weinberg gepflanzt, dessen Pflege abwechselnd jeweils einer prominenten Persönlichkeit anvertraut wird. Als ich das erste Mal davon hörte, hatte gerade ein Schauspieler die Verantwortung dafür.

Als ich jenen Ort besuchte, wollten die Bewohner auch mich mit dieser ehrenvollen Aufgabe betrauen. Tatsächlich schnitt ich die Rebstöcke, segnete das Grab und pflanzte ein schönes Holzkreuz. Man wacht genau über die Pflege dieses kleinen Grundstücks, zu dem Gruppen von Jugendlichen pilgern, die allerlei schöne und hilfreiche Initiativen planen.

Etwas mehr als sechs Jahre lang war ich Parlamentsabgeordneter, und rasch habe ich eine einfache Sache gelernt. Politiker haben im Wesentlichen nur zu entscheiden, von wem Gelder zu nehmen und an wen diese zu verteilen sind: also gerechtere Vermögensverteilung. Wenn eine Gesellschaft es sich nicht zur prioritären Aufgabe macht, die schreienden Ungleichheiten zwischen sozialen Klassen zu reduzieren und Elend, Arbeitslosigkeit und das Drama der Obdachlosen zu bekämpfen, ist es völlig normal, dass durch sogenannte vollendete Tatsachen antizipiertes Recht mittels sogenanntem „vorauseilendem Gehorsam“ oder Epikie gesetzt wird, das für gewöhnlich von der späteren Gesetzgebung bestätigt wird.

Im letzten Winter hat man sich gefragt, weshalb Obdachlose sich weigerten, in bereitgestellten Unterkünften zu schlafen, und sich stattdessen bei großer Kälte der Todesgefahr im Freien aussetzten. Die Erklärung dafür ist recht einfach: Warum sollen sich Menschen, die sich das ganze Jahr über an den Rand der Gesellschaft gestoßen fühlen und sich nur auf sich selber stützen können, plötzlich während zweier Frostwochen der Wohltat einer solidarischen Gesellschaft anvertrauen? Das ist doch völlig unmöglich. Man muss sich das ganze Jahr über um solche Menschen kümmern, damit auch sie sich wieder als Glieder einer Gemeinschaft fühlen können.

Wir lassen am Straßenrand der Gesellschaft Tausende von Männern und Frauen im Stich, die sich zu schwach fühlen für die schwierigen Anforderungen unseres modernen Lebens. Und dann wundern wir uns, dass sie sich unserer Gesellschaft so sehr entfremdet haben, dass sie nicht einmal in Todesgefahr mehr ihre Hand nach unserer helfenden Hand ausstrecken. Ich habe es schon gesagt: Die Gesellschaft selbst hat sich in einer Wahl zu entscheiden, ob sie zuerst ihren stärksten oder ihren schwächsten Gliedern zur Verfügung stehen will. Diese Wahl bestimmt die humane Größe oder Gemeinheit einer Familie, eines Stammes, einer Nation oder einer ganzen Zivilisation.

In Frankreich sind wir zurzeit einer anderen bedrohenden Gefahr ausgesetzt, auf die wir unsere Aufmerksamkeit zu richten haben: der des wachsenden rechtsextremen Rassismus und der Fremdenfeindlichkeit. All mein Leben, mein ganzer Glaube, mein ganzes Temperament sperrt sich gegen solches Verhalten. Wir alle sind doch ethnische Mischlinge. Die angebliche „reine französische Identität", auf die sich unsere Ideologen berufen, ist ein glatter Mythos. Durch seine geografische Lage wurde Frankreich zu so etwas wie dem Durchzugsgebiet der Ost-West-Wanderungen vieler Völker. Durch sein gemäßigtes Klima hat es auch viele nordische und südliche Völker angezogen. Mehr als andere europäische Völker sind wir Franzosen daher ein Gemisch von Wikingern, Arabern, Hunnen, Franken, Westgoten usw. Und ich muss gestehen, dass ich außerordentlich stolz darauf bin, als französischer Bürger ein Kondensat so verschiedenartiger Menschen sein zu dürfen.

Wenn ich einen Le Pen brüllen höre: „Frankreich den Franzosen!", kann ich mich kaum enthalten, meinerseits zu schreien: „Frankreich den Franzosen, ja, während des Krieges habe ich mich dafür geschlagen, während einige Leute, die heute so brüllen, das keineswegs getan haben. Stattdessen rufe ich: „Die Erde den Menschen!" Es ist undenkbar, bei uns komfortabel zu wohnen, während an unseren Grenzen in nächster Nähe, namentlich in Osteuropa und Afrika, das Elend überhandnimmt. Mit diesen Völkern haben wir uns zu solidarisieren und einen weit größeren Teil unseres Volkseinkommens mit ihnen zu teilen, damit sie sich aus ihrer Misere emporarbeiten können. Falls wir das nicht tun, kann ich mich der illegalen Immigration nicht widersetzen. Sollen wir etwa unsere Grenzpolizei mit Maschinengewehren ausrüsten, um uns die Hungernden vom Hals zu halten, die ja bei uns nur das zum Überleben Allernötigste suchen?

Natürlich verstehe ich die Empörung mancher Großstadtfranzosen, die die wachsende, aus Not geborene Kriminalität nicht nur der Fremden auszuhalten haben, die ihr Leben unmöglich zu machen droht. Doch die einzige menschlich anständige Antwort auf dieses Problem ist mehr nationale und weltweite Solidarität zugunsten der Allerärmsten, sowohl in Frankreich wie außerhalb unserer Grenzen. Wer meint, dieses Problem dadurch lösen zu können, dass er alle klandestinen Einwanderer für illegal erklärt, betrügt sich selbst. Die ständig wachsende Globalisierung verpflichtet heute alle Nationen zur Entscheidung für eine humanitäre Gesellschaft, die eine Neuverteilung der Reichtümer des Planeten erfordert.

Die Welt wird wohl noch sehr schwere Krisen durchzustehen haben, die die am höchsten entwickelten Nationen zur Entscheidung zwingen werden, sich entweder auf sich selbst zurückzuziehen, um ihre Privilegien und Interessen zu schützen (was sich schließlich als unhaltbar erweisen und nur neue Diktaturen entstehen lassen wird), oder aber sich in Solidarität für die eine weite Welt zu öffnen. Dieser zweite Weg verlangt die individuelle Entscheidung jedes einzelnen Menschen zum Verzicht auf mancherlei gewohnte Privilegien und eine Neuverteilung der Mittel, die jeder Nation Entwicklungsmöglichkeiten gibt, um sich selber ihrer eigenen Ressourcen zu erfreuen.

Heute habe ich angesichts dieses besorgniserregenden Aufstiegs der extremen Rechten das Gefühl, dass wir uns schon in einem Kriegszustand befinden. Einige Parolen und Aktionen jedenfalls dürften nicht mehr tragbar sein, und wir müssen alles organisieren, um sie zu bekämpfen.

Wenn man uns heute eine Gesetzesvorlage präsentiert, die jeden Franzosen zum Polizeihelfer zu machen droht, wie kann man da überrascht sein, wenn viele Bürger, darunter solche auf höchster Ebene der Verantwortung, sich weigern, solcher Gesetzgebung Folge zu leisten? Natürlich kann sich Frankreich allein nicht allem Elend in der Welt öffnen. Es wird dies nur in europäischer und globaler Gemeinschaft tun können. Wie kann man angesichts einer polizeilichen Registrierung aller Ausländer in unserem Land nicht verstehen, dass so etwas einer Jugend der ersten planetarischen Generation völlig unerträglich erscheinen muss?

In diesem Zusammenhang möchte ich ein Faktum erwähnen, das für gewöhnlich kaum Zorn erregt, doch mich persönlich tief bewegt. Unsere *Marseillaise* ist weltweit bekannt und wegen ihres attraktiven Rhythmus geschätzt. Doch können wir uns noch die Gleichgültigkeit gegenüber einigen ihrer Worte leisten, in denen Rassismus wahre Triumphe feiert? Wie sehr wir sie auch als Republikaner schätzen: Kann man solche zu widerlichem Hass aufreizende Worte noch tolerieren, *„dass unreines Blut unsere Furchen röte"*? Wie können wir unseren Kindern noch ähnliche Texte zu rezitieren geben, nach den von den Nazis im Namen ihres angeblich „reinen arischen Blutes" begangenen entsetzlichen Verbrechen?

Soviel ich weiß, enthält keine andere Nationalhymne ähnliche Gedanken. Sowohl die Sowjetunion wie China haben nach Stalins und Maos Tod die Texte ihrer Hymnen revidiert. Warum machen wir es nicht endlich ebenso?

Natürlich bedarf es dazu eines nationalen Referendums. Doch das könnte man kostenlos und ohne Kampagne bei einer nächsten fälligen Volksabstimmung als Frage anfügen: „Wollen Sie den Text der Marseillaise revidieren oder nicht? Und wollen Sie im Fall der Approbation die französische Akademie mit dem Vorschlag eines neuen Textes beauftragen?"

Anlässlich der Zweihundertjahrfeier der französischen Proklamation der Menschenrechte hat sich ein Komitee „für eine brüderliche Marseillaise" gebildet, dessen Mitglied ich bin. Einige Generäle im Ruhestand und andere Berühmtheiten sind beigetreten, doch dann kam der Golfkrieg unter Teilnahme Frankreichs dazwischen, und die Sache wurde vertagt, doch das Komitee bleibt wachsam. Ist die Zeit jetzt reif für dieses Anliegen?

Begegnung am frühen Morgen

Oft fragt man mich: „Wie haben Sie es nur in Ihrem ganzen Leben, das doch in vieler Hinsicht ein recht raues war, nur ausgehalten?" Tatsächlich war mir diese Energie für die Ärmsten, für meine weltweiten Aktionen in all diesen aufreibenden Kämpfen nur möglich, weil ich mir in meinen Klosterjahren ein Gebetsleben erworben hatte. Während mehrerer Stunden untertags und in der Mitte jeder Nacht ließ ich mich damals in die Kontemplation dieses unsagbaren Mysteriums des Gottes, der Liebe ist, eintauchen. Diese Anbetung, dieser „erträgliche Schwindelanfall" oder „Ekstase", wie ich das gerne nenne, wurde meine grundlegende Übung, ohne dass ich mir ihrer recht bewusst werde.

Selbst mitten in meinem Tun lebte alles aus dem Grund dieses Gebetszustands, aus diesem Herz zu Herz mit dem Ewigen.

Man kann gewiss Gebete rezitieren wie das Vaterunser oder das Ave Maria, und ich tue dies auch (ich kann nie einschlafen, ohne die Muttergottes mit einigen Ave zu grüßen). Beten kann aus solchen Akten bestehen. Doch in einem viel tieferen Sinn ist es ein Zustand. Sobald wir von einem lebendigen Glauben an Gott, der die Liebe ist, angerührt sind, leben wir ganz natürlich, als ob wir in Seiner Liebe badeten, obgleich wir gebrechliche Sünder bleiben. Jede unserer Tätigkeiten, selbst die banalste und alltäglichste, vollzieht sich in dieser geheimnisvollen liebenden Intimität mit Gott. – Das ist ein Zustand, den jeder Verliebte kennt: Was immer man tut: Der, den wir lieben, wohnt in uns. Beten ist nichts anderes als dieser bestimmte Zustand, in den man eintaucht, sobald unser Glaube völlig lebendig wird.

Natürlich sind wir uns dieses Zustands nicht ständig bewusst. Bloß plötzlich, zu gewissen Momenten, realisieren wir, dass unser Herz ständig vom Gedanken an den Ewigen bewohnt bleibt … ein wenig wie ein Familienvater, der inmitten all seiner Beschäftigungen einen Blick auf das Foto seiner Gattin mit den Kindern auf seinem Schreibtisch wirft. Er weiß, dass sein Herz bei den Seinen ist.

Oft erhalte ich Briefe mit Bitten um mein Gebet. Ich vermag nie zu antworten: „Ja, ich bete für Sie." Tatsächlich kann ich doch nicht behaupten: „Seien Sie versichert, dass ich an Sie denke in meiner täglichen Aufopferung meiner Beschäftigungen in Gegenwart der Ewigen Liebe." Doch in der Tiefe meines Herzens trage ich alle Menschen, die der Herr mir auf meinen Weg schickt. Wie könnte man denn sein Herz von allem Elend und Leiden in der Welt abschotten? Wie wollte man aufhören, in die innerste Intimität seiner selbst alle Bitten um Frieden und gegenseitiges Einverständnis unserer Menschenbrüder einzubeziehen? Wie könnte man nicht ständig von all ihren Bitten und Anliegen durchdrungen sein? Dann macht es keinen Sinn, Gott ständig explizit darum zu bemühen: „Tu dies, mach das, vergiss ja jenen nicht", usw.

„Plappert nicht wie die Heidenvölker", sagt uns Jesus, „denn euer Vater weiß ja schon längst, was ihr alles nötig habt." Das ist kein Widerspruch zu seinem anderen Wort: „Betet ohne Unterlass. Bittet, und es wird euch gegeben, klopft an, und es wird euch aufgetan." Oft spreche ich auch Bitten aus.

Im Übrigen habe ich erst kürzlich das Gebet zum Schutzengel wieder entdeckt. Nachdem ich fast völlig die Anwesenheit von Engeln, von der die Bibel doch so oft berichtet, vergessen hatte, habe ich diese Übung wieder aufgenommen. Seit einigen Jahren bete ich in schwierigen Situationen wieder zu meinem und anderer Schutzengel, oder wenn ich mich in einer verzwickten Lage befinde. Und tatsächlich kommt sie dann ziemlich oft ins richtige Geleise.

Oft habe ich auch festgestellt, dass Gott unserem Beten zuvorkommt. Ich erinnere mich an einen alten Emmaus-Gefährten, den ersten, der unter uns starb. Er hatte manche Jahre in der Fremdenlegion verbracht und war keineswegs ein Unschuldsknabe. Doch vor dem Sterben sagte er mir: „Père, ich habe eine Schwester, und die ist Ordensfrau in Afrika. Ich habe sie nicht mehr gesehen, seit ich meiner Familie davonlief, doch weiß ich, dass sie noch lebt. Melden Sie ihr bitte meinen Tod." Dann fügte er noch hinzu: „Gern hätte ich auch noch eine Muttergottesstatue in meinem Sterbezimmer." Ich staunte, denn er war wirklich kein Mann dieser Sorte. Im selben Moment läutete der Briefträger an der Pforte. Ich gehe hinunter, um ihm zu öffnen, doch schon hatte Mademoiselle Coutaz, meine Sekretärin, die Post in Empfang genommen und sagt: „Siehe da, ein Paket." Sie öffnet es und schält eine kleine Lourdes-Statue aus dem Papier. In Sprüngen eilte ich die Treppe hoch, um sie im Zimmer meines Gefährten aufzustellen.

In der Tat: In diesem unterschwelligen Zustand permanenten Betens sind wir in alle Bitten eingetaucht, die aus der tiefsten Tiefe unseres Herzens aufsteigen. Da braucht man keine Worte zu formulieren. Mündliches Beten hat ja seinen Sinn und Platz in der Gemeinschaft. Als ich im Kloster war, habe ich gerne gewisse Psalmen und mehr noch das Vaterunser mit lauter Stimme rezitiert. Natürlich fühlen wir zu gewissen Zeiten eine Notwendigkeit, gewisse Bitten oder Danksagungen mit lauter Stimme auszusprechen. Das passiert mir oft, und oft rezitiere ich auch das Ave Maria. Doch diese Art ist besonders nützlich, wenn man sich seiner Beziehung zu Gott bewusst wird. Doch glücklicherweise hat er es keineswegs nötig, daran erinnert zu werden, was Er zu tun habe. Er weiß genau um die Liebe, die wir zu ihm tragen.

Mehr noch als an den Nutzen mündlichen Betens glaube ich an besondere stille Zeiten, die man für Gott allein reserviert. Was man Anbetung oder Kontemplation nennt, sind Zeiten der Atemübung, da man sich inmitten eines geschäftigen Tagewerks einige Momente Zeit nimmt, sich in Gottes Gegenwart zu versetzen. Das ist, als ob man das Fenster öffnet, um einige gehörige Züge frischer Luft zu schnappen. Kontemplation stellt uns vor das Wesentliche, schafft Distanz zu unseren tausend Beschäftigungen und Sorgen. Dieses Atemholen ist umso nötiger, je beschäftigter und voller Überraschungen das Leben ist, das man zu führen hat. Wie könnte man sich vor der Gefahr des Aktivismus retten, ohne diese Schweigeminuten? Erschöpfung in der Aktion und Verlust der Sicht auf das objektive Ziel aller menschlichen Existenz wären die Folge. Tägliche Anbetung taucht uns ins Wesentliche. Das ist ein Glaubensakt, der gleichzeitig das Glauben, Lieben und Hoffen eines gläubigen Menschen nährt.

Es gibt Menschen, die dazu täglich zehn Minuten oder eine halbe Stunde brauchen, andere eine wöchentliche stille Zeit. Das ist der Sinn des jüdischen Schabbats und des christlichen Sonntags. Andere wieder brauchen eine alljährliche Auftankwoche in einem Kloster. Doch bin ich überzeugt, dass kein aktiver Gläubiger diese besonderen Zeiten missen kann, die man ausschließlich der Anbetung seines Schöpfers widmet. Da schöpft man Kraft in schweigender Intimität mit Gott, wo man sein Gewissen dem Ewigen eröffnet, der Liebe ist. Jesus selbst gab uns das Beispiel in seinen regelmäßigen einsamen Gebetszeiten. Bevor er seine apostolische Mission begann, verbrachte er vierzig Tage in der Einöde, und mehrmals ging er allein zum Beten in die Berge.

Diese wenigen Bemerkungen lassen uns bereits den Sinn betrachtenden Lebens verstehen. Oft hört man heute: „Man braucht Krankenschwestern, Ärzte, helfende Hände noch und noch. Warum schließen sich diese überzeugten Christen für ihr ganzes Leben hinter Klostermauern ein, um den ganzen Tag zu beten, statt sich in das brausende Leben der Welt zu stürzen, der doch Heilung und Besserung so nottäte?"

Ich erinnere mich daran, wie ich mich gerade vor Erreichen meines Rentenalters von 65 Jahren ins Kloster St. Wandrille zurückzog, um dort acht Jahre lang das Schweigen und die Anbetung der Mönche zu teilen. Es stimmt allerdings, dass ich dieses Leben von Zeit zu Zeit zu unterbrechen hatte, um bei notwendigen Aufgaben der Emmaus-Gemeinschaften mitzuhelfen. Eines Tages kommt der Bürgermeister zu mir, um zu melden, dass die Dorfbevölkerung es nicht verstehen könne, dass ich, der unermüdliche Anwalt der von der Gesellschaft Ausgeschlossenen, meine kostbare Zeit in ihrem Kloster totschlage. Ich schrieb dann ins Gemeindeblatt einen langen Brief, um zu erklären, dass ein aktives und ein kontemplatives Leben keinerlei Widerspruch sei. Ich bin sogar überzeugt davon, dass ohne diese wirklichen Zentren göttlicher Energie, die die Klöster darstellen, die Tätigkeit der Apostel, der aktiv Engagierten, all derer, die für eine bessere Welt kämpfen, nicht lange dauern würde. Viele unter diesen Aktivisten fühlen im Übrigen, wie nötig der Betrachtung gewidmete stille Zeiten für sie sind. Spirituell bereichert gehen sie wieder ihren Tätigkeiten nach.

In diesem Zusammenhang kann ich den Vergleich nicht vergessen, den der Geologe Pierre Termier gebrauchte: „Ihr staunt über das Leben der Kontemplativen. Warum habt ihr nie über die Existenz von Gletschern gestaunt? Wie viel verlorener Platz! Und vielleicht bergen sie große Bodenschätze, und nichts wächst auf ihrem Eis! Und doch: Gäbe es keine, dann wäre in den Alpentälern das Leben schon längst verschwunden. Die Schmutzluft der Städte erwärmt sich und steigt auf, doch wenn sie sich auf den Gletschern abkühlt, reinigt sie sich, und die gesäuberte Luft fließt wieder zu Tal. Ohne diese unablässige Gletscheraktivität wäre Leben in den Alpen undenkbar."

Dasselbe gelte für die Kontemplativen, sagte dieser gläubige Wissenschafter. Sie scheinen nutzlos und unproduktiv, doch ohne sie und die Liebe, die sie geheimnisvoll verbreiten, wäre die Menschheit vielleicht schon als Opfer ihres Hasses zugrunde gegangen.

Noch zwei Bemerkungen zum Gebet: Die erste betrifft den Begriff der Aufopferung. Jeden Morgen beim Aufstehen opfere ich meinem Schöpfer das kommende Tagewerk. Das ist ein grundlegender Akt, was immer der Tag mir bringen wird. Ich weiß, dass nichts davon unnütz ist, weil ich es meinem Schöpfer anheimgegeben habe.

Selbst Misslungenes oder Durcheinander oder Verfehltes – Gott weiß, wie Er das Beste gebrauchen kann, um damit Sein himmlisches Jerusalem, die Neue Erde und den Neuen Himmel, zu bauen.

Meine zweite Bemerkung betrifft den Lobpreis. Seien wir doch nicht undankbar. Wir haben immer etwas zu klagen, doch selten finden wir Zeit zur Danksagung. Sobald etwas schiefgeht, laufen wir mit allerlei Jammern oder gar Vorwürfen zu Gott, doch wie wenig danken wir ihm für alles, was glückt? Wie viele Gläubige sagen je zu Gott: „Danke schön für meine Kraft zu arbeiten, danke für diese herrliche Landschaft, danke dafür, dass unsere Kinder vor Lebenskraft strotzen, danke, dass ich an meiner Arbeit so viel Freude empfinde ..."?

Die Katholiken singen im *Gloria* der Messe: „Wir danken Dir für Deine große Herrlichkeit." Dieser Satz hat mir lange zu denken gegeben, umso mehr, als ich das Gloria täglich vor oder in der Messe rezitiere. Gewöhnlich danken wir für ein Geschenk, für eine Gabe, doch was soll das heißen: Wir danken Gott für Seine Herrlichkeit? Worin besteht die denn?

Ich meine, das sei „Liebe als Liebe erkannt". Liebe im Vollsinn, als eine Explosion der Freude, gibt es nur, wenn jemand sie erkennt und auf sie antwortet. Sonst bestünde sie ja nur aus einem in die absolute Leere verlorenen Lichtstrahl. Ihr ganzes Ausmaß erreicht sie nur, wenn sie mit Gegenliebe beantwortet wird. Wenn wir zu Gott sagen: „Wir sagen Dir Dank für Deine grenzenlose Herrlichkeit" , dann danken wir nicht für dieses oder jenes partielle Geschenk, sondern einfach dafür, dass Er überhaupt ist in Seiner Dreieinigkeit, und dass Er sich uns als solcher zeigt. Wir sagen bloß: „Danke, dass Du Liebe bist und es uns gesagt hast." Das ist im Grunde das Gebet eines Glaubenden, der vom maßlosen Geheimnis des Gottes, der Liebe ist, durchdrungen ist. Darin besteht für mich Anbetung. Im Kloster habe ich jede Nacht Stunden damit verbracht, Gott zu sagen: „Danke für das, was Du bist."

Wenn ich nicht in der Normandie im Einkehrhaus der Gefährten von Emmaus bin, wohne ich in einem Pariser Vorort im zehnten Stockwerk eines Hochhauses. Da habe ich eine prächtige Aussicht auf ganz Paris. Unter meinem Fenster führt die Autobahn in die Stadt, und abends sehe ich den Strom von Tausenden von Autolichtern in beiden Richtungen, ohne die Hunderttausende von anderen Lichtern zu zählen, die aus den Wohnungen leuchten. Wie oft habe ich da nachts vor meinem Fenster meditiert und gedacht: „Mein Gott, was für ein Ozean von Seufzern, von Glück, von Kinderlachen, von Stöhnen aus Krankenbetten, Ekstase von Verliebten, Traurigkeit von allen sich vergessen Fühlenden!" Und wenn ich allein bin, zelebriere ich die Messe am offenen Fenster über dieser Masse. Das ist mein buntes Kirchenfenster, durch das ich jede Freude und jeden Schmerz dieser unabsehbaren Menschenmenge meditiere. Und vor mir sehe ich alle meine Brüder von Emmaus, für die ich dieses Opfer der Eucharistie darbringen darf.

Gerne betrachte ich auch das große Mysterium Jesu, der sich uns in diesem kleinen Stückchen Brot schenkt. In der Eucharistie ist er ja da, nicht nur als der, den uns die Evangelien Tag für Tag zu erkennen geben, sondern in seiner jetzigen Gestalt. Auferstanden. In meinem Glauben weiß ich um seine Gegenwart als die verklärte Person mit seinem Herrlichkeitsleib in dieser Hostie. Hier kann ich mich ihm nähern, kann ihn berühren, darf seine Gegenwart auskosten, ohne von seinem Licht erschlagen oder von seiner Herrlichkeit überwältigt zu werden.

Kürzlich befahlen mir meine Ärzte, eine Mittagssiesta einzuschalten, und ich habe deren Kraft kennengelernt. Die Eucharistie ist für mich wie eine solche seelische Siesta, eine Zeit völliger Ruhe inmitten der Mühsal jedes Tages. Da kann ich mich Jesus völlig anheimgeben.

Da bin ich dann nichts weiter als dieser arme geplagte Priester, der seine Bürden zu dessen Füßen hinlegt mit den Worten: „Nimm diese Last, sie ist zu schwer für mich."

Liebe und Leiden

Leiden ist eine tiefe Dimension der menschlichen Wirklichkeit. Mein ganzes Leben lang habe ich im Abgrund menschlichen Leidens verbracht. Ich wurde mit so viel Not konfrontiert, dass ich die verschiedensten Reaktionen menschlichem Leid gegenüber erfahren konnte. Fast immer lassen sie sich auf zwei Haltungen reduzieren: entweder es in Liebe anzunehmen oder dagegen zu rebellieren. Fast jeder leidende Mensch schwankt zwischen diesen beiden Einstellungen.

Persönlich meine ich, mir sei physisches Leiden weitgehend erspart geblieben. Eigentlichen Hunger litt ich nie (außer bei einem Hungerstreik, doch weil der freiwillig war, ist er etwas völlig anderes). Zwar war ich recht oft krank, doch nie mit jenen schrecklichen Schmerzen, die die Krankheit meines Vaters zu einem wahren Martyrium machten. Sein Arzt verriet mir, dass seine Krankheit Menschen oft in den Suizid treibe. Meine größten Leiden waren moralische.

Da ich mich für den Zölibat entschieden hatte, litt ich unter Mangel an Zärtlichkeit und herzlicher Wärme der Gefühle. Zuweilen fiel mir das recht schwer. Auch hatte ich viel unter Kälte und Verlassenheit durch Freunde und deren Mangel an Verständnis zu leiden gehabt, selbst wenn solche Enttäuschungen aufs Ganze gesehen eher selten waren.

Die erste meiner beiden schwersten Prüfungen meines Lebens stellte sich 1958 ein, als man mich für mehrere Monate wegen totaler physischer und psychischer Erschöpfung internierte. Ärzte redeten meinen Angehörigen ein, dass ich geistesgestört sei, und einige von ihnen versuchten damals aus verschiedensten Motiven, sich der Emmaus-Bewegung zu bemächtigen … um sie zu retten, wie mehrere davon meinten.

Dann kam dieser Medientornado im Frühling 1996. Alles musste ich mir anhören: Abbé Pierre sei Antisemit, er sei senil geworden, er unterstütze Le Pen … Ich verzichtete dann auf meine Vorstöße und bat um Verzeihung. In meinem tiefsten Herzen litt ich mit Personen, die auch darunter zu leiden hatten, und denen mein ganzes Leben gewidmet gewesen war, speziell mit meinen jüdischen Brüdern. Heute meine ich, die damaligen tragischen Missverständnisse seien meiner Unklugheit und zu großen Hast anzulasten. In ein und derselben Stellungnahme hatte ich leider die Frage von Persönlichkeiten, von Politik und von Religion in unkluger Weise und übereilt miteinander vermischt.[18]

Ein Drama zur Zeit meiner Adoleszenz hat mir gezeigt, wie Leid eines Menschen Herz weiten kann, statt es zu verschließen. Als Gymnasiast war ich einem Altersgenossen recht herzlich verbunden. Er war Mitglied desselben Pfadfinderstammes wie ich. Am Morgen ministrierten wir beide oft zusammen in der Messe. Eines Morgens ruft mir ein anderer Pfadfinder zu: „Léon ist tot!" Ich protestierte und schrie: „Das ist unmöglich: Wir haben ja zusammen am Altar gedient, und er war nicht krank!" Doch musste ich dann hören, dass er soeben mit zwei anderen Kameraden, die nicht schwimmen konnten, in der Rhône baden gegangen war. Da schoss ein Motorboot vorbei, und die beiden kamen in Not. Da stürzte sich Léon auf sie und brachte den einen ans Ufer. Der zweite jedoch umklammerte ihn und riss ihn erschöpft mit sich in die Tiefe.

---

18 Abbé Pierres Freund, der Ex-Kommunist Roger Garaudy (1913–2012), 1982 zum Islam konvertiert, hatte 1996 in seinem Buch *Gründungsmythen israelischer Politik* die Shoah geleugnet und sie als Konstrukt von Churchill, Eisenhower und de Gaulle dargestellt, das als Vorwand für die Besetzung Deutschlands dienen sollte. Der Abbé verteidigte darauf seinen Freund gegen den Medienaufruhr, ohne sein Werk gelesen zu haben. Garaudy, heute noch von allen islamischen Extremisten gefeiert, wurde zu einem Bußgeld und einer Haftstrafe verurteilt, die ihm erlassen wurde (Anm. d. Übers.).

Ich schrieb seiner Mama einen Kondolenzbrief. Da erhielt ich eine Antwort, die ich mein Leben lang nicht vergessen habe: „Ja, ich fühle mich entsetzlich, doch zugleich denke ich: ‚Mein lieber Gott, alles, was sich eine Mutter für ihren Sohn erträumen mag, ein glückliches und gelungenes Leben, hast Du ihm gegeben, doch jetzt gibst Du ihm das Hundertfache, da Du ihn zu Dir holst.'"

Diese Reaktion einer tiefgläubigen Mutter hat mich überzeugt, dass man in derartigen Dramen nur entweder an Liebe wächst oder in Rebellion verstockt. Mehr als jede andere Erfahrung stellt Leid den Menschen vor diese abrupte Entscheidung: entweder Absurdität oder Geheimnis. Ich kann mich zutiefst in einen Vater einfühlen, der sein Kind in langem Leiden und Agonie begleitete: „Ich kann nicht länger an ein allmächtiges Wesen glauben, das so Entsetzliches zustande bringt und kein Herz hat für die Sterbensnot eines Kindes." Warum? Doch gleichzeitig verriet er mir: „Meine Frau ist im Gegenteil durch diesen Schrecken noch viel eifriger im Glauben geworden und übernimmt jetzt immer neue Verantwortung für allerlei karitative Aufgaben."

Entweder erdrückt einen das Leid oder es lässt im Gegenteil das Herz eines Menschen wachsen. Entweder hüllt es uns in Nacht oder eröffnet uns neue Horizonte. Und wir alle können durch diese beiden Extreme wandern. Mit solchen Entsetzlichkeiten konfrontiert, können wir verzweifelt schreien: „Das kann doch nicht wahr sein! Leben ist absurd. Es gibt doch keinen Gott, der sich sowas erlauben kann." Doch können wir auch unser Hoffen wachsen sehen und sagen: „Mein Gott, ich glaube, dass Du Liebe bist, *trotz all* dieser ungeheuren Leidensnot, und *gleichwohl* habe ich Vertrauen in Dich." Diese zweite Haltung hilft uns nicht bloß, vielerlei Prüfungen zu bestehen, sondern trägt in uns zum Wachstum von Glauben und Hoffen und Lieben bei. Viele Bibelstellen, die unerträglich scheinen mögen, erklären, dass Gott die Herzen jener auf die Probe stellt, die er liebt, um sie im Schmelztiegel des Leidens zu läutern wie Gold im Feuer.

Stellen wir nicht oft genug fest, dass die Zahl außergewöhnlicher Menschen, jener, die vollste Menschlichkeit erlangt zu haben scheinen, die liebsten und solidarischsten, die wir kennen, oft jene sind, die durch harte Prüfungen zu dem geworden sind, was wir bewundern?

Es kommt auch nicht so selten vor, dass Familien, die auseinandergefallen und zerstritten sind, sich um ihr krankes Kind wieder zusammenfinden. Man hätte meinen können, dass in jener Ehe kein Funken Liebe mehr zu finden war. Doch dann plötzlich, als die Gatten sich Tag und Nacht am Bett ihres schwer erkrankten Sprösslings ablösen, wird jene gegenseitige Liebe wieder geboren, die man für immer verloren hielt.

Sieht man nicht auch gerade in gewissen Notsituationen, wie solidarische Aktion Gestalt annimmt und Menschen sich zu Hilfsaktionen zusammenfinden? War es nicht die Brüderlichkeit der grausamen Schützengräben, die Antiklerikale und Kirchenleute oft in ihren gegenseitigen Vorurteilen eines Besseren belehrte?

Natürlich versuche ich keine Rechtfertigung des Leids. Ich wünsche keinem Menschen solche Qual. Doch von unserer Erfahrung belehrt, müssen wir zugestehen, dass dieser Fluch der menschlichen Situation oft zu Vertiefung und Weite des menschlichen Herzens beiträgt.

Hat Jesus uns nicht genau dies sagen wollen, als er menschliche Leidensnot in all ihren Dimensionen zur seinen machte, ausgenommen nur die Gewissensbisse eines schuldig Gewordenen? Einer seiner Freunde verriet ihn, und andere verleugneten ihn. Schrecklichste leibliche Quälerei hatte er zu durchstehen, doch noch mehr wurde er wegen seines Vertrauens in seinen Vater verlacht und war selbst von seiner Familie unverstanden. Todesangst hat ihn gepeinigt, und selbst seinen Nächsten wurde er zur Qual. Seine Mutter stand am Fuß des Galgens. Viele Menschen haben Ähnliches durchlitten, und was Dauer und Heimtücke der Qual betrifft, noch weit Entsetzlicheres.

Doch Jesus hat diese Prüfungen mit einer unvergleichlichen und einzigartigen Empfindsamkeit durchlitten. Ich glaube, dass Gott in der Person seines Messias das ganze Leiden der Menschheit auf sich genommen hat und ihm gerade dadurch Sinn und Wert schenkte. Jedem Christen und jedem Menschen, der Jesus kennenlernt, wird dadurch Hoffnung geschenkt, wenn er sich mit dem Mysterium des Bösen und des Leidens konfrontiert sieht. In der Nachfolge Jesu und seiner Mutter, untrennbar in diesen Stunden auf Golgota, können wir entdecken, wie unser Herz sich durch in Liebe durchlittenes Leid weiten lässt für die Dimension der Liebe Gottes.

Doch ich muss darauf bestehen: So sehr ich dieses Mysterium der engen Beziehung von Leid und Liebe zu begreifen und zu leben versuche, ebenso werde ich mich hüten, einem Leidenden zu sagen: „Welche Chance für dich, dass dir ein solches Gottesgeschenk zuteilwird."

So etwas ist unerträglich! Da denke ich an Mutter Teresa von Kalkutta, die ich persönlich kenne und sehr schätze. Das ist sicher eine große Heilige, die ihr ganzes Leben lang ein grenzenloses Mitleiden mit den Ärmsten der Armen lebte. Doch wie manch andere kann ich nicht akzeptieren, sie in ihren Krankenhäusern den fürchterlich Gequälten zuflüstern zu hören: „Sie haben das Glück, sich mit der Erlösung und Christi Leiden vereint zu wissen." Nein, mit der Leidensqual anderer konfrontiert, bin ich der totalen Überzeugung, dass es nur zwei gerechtfertigte Haltungen gibt, nämlich Schweigen und Präsenz.

Da kommt mir ein Unglück in den Sinn, das ich miterlebte, als ich in einer unserer Gemeinschaften in Peru arbeitete. Wir lebten mitten im Stadtzentrum von Lima auf einem immensen Berg von Müll zusammen mit den Hungrigen, die Tag und Nacht die neuen Fuhren von Müll durchwühlten, die die Müllfahrzeuge der Stadtverwaltung unaufhörlich herbeischafften.

Eines Tages wollten Journalisten diese beschämende Tätigkeit dokumentieren. Wie einer von ihnen auf diesem unstabilen Berg herumstolperte, verstauchte er sich das Knie und heulte auf vor Schmerz. Gleich ruft man einen Krankenwagen, und ich setze mich neben ihn auf dem Transport zum Krankenhaus. Instinktiv drücke ich ihm steif und fest die Hand in seinem Schmerz. Im Krankenhaus renkt ihm der Arzt gleich sein Knie wieder ein, und weg ist der Schmerz. Da sagt er zu mir: „Danke schön, Père. Jetzt habe ich entdeckt, was es bedeutet, wenn einer einem Mitmenschen in grässlichem Schmerz die Hand hält. Diese Geste bedeutet weit mehr als jedes Wort."

Hüten wir uns, Leidenden eine Predigt zu halten. Keine frommen Worte. Pflegen wir im Gegenteil jene schamvolle Diskretion, durch unsere Präsenz und durch eine herzliche Geste unser Mit-leiden unter Beweis zu stellen. Das ist wie ein diskretes Gebet, womit wir unsere Gemeinschaft im Leiden demonstrieren. Das heißt Mit-leiden. Das ist eine der schönsten und bereicherndsten Erfahrungen des Menschen.

Ein lange erwartetes Rendezvous im Tod

Kürzlich hatte ich Gelegenheit, in Paris ein Lokal zu besuchen, einen sogenannten „Trauersalon", wie sie seit einigen Jahren in manchen Ländern üblich geworden sind. Da können sich Trauerfamilien beim Verstorbenen versammeln. Es ist ja klar, dass die modernen Lebensumstände es mehr und mehr unmöglich machen, vor der Beerdigung oder Kremation einen Verstorbenen bei sich zu Hause aufzubahren.

Gleichwohl konnte ich nicht umhin, mich zu fragen, ob solche Distanzierung vom Tod nicht auch problematische Folgen zeitige. Früher hat man den Tod zu Hause inmitten der Familie erlebt. Das war eine bedeutsame Lebenserfahrung, wo besonders auch die Kinder sich über den immer etwas als tabu behandelten Tod zusammen mit ihren Eltern unterhalten konnten. Es ist wichtig, dieser Frage nicht auszuweichen oder sich vom Problem zu distanzieren.

Ich bin der Meinung, dass der Tod ein Teil des Lebens ist, ja sogar dessen starkes Moment, das ihm erst seinen Sinn gibt. Ich persönlich hatte die Chance, drei Personen, die mir viel bedeuteten, beim Sterben begleiten zu dürfen.

Das war zunächst mein Vater. Ich war mit ihm allein, als er seinen letzten Atemzug tat. Seit Monaten hatte er mit einer schweren Krankheit gekämpft. Wenige Tage zuvor hatte er einen seiner Cousins, einen Jesuiten, gefragt: „Charles, darf ich nun Gott bitten, sterben zu dürfen?" Er war ein Mann starken Glaubens. Nie kann ich seinen Todeskampf vergessen. Sein Gesicht war zuweilen von großem Schrecken gezeichnet, und ich vermutete einen schrecklichen inneren Kampf. Als Mönch bezeichnete ich dann seine Stirn mit dem Kreuzzeichen und sprach Exorzismen, um die Mächte des Bösen aus ihm zu scheuchen. Und jedes Mal beruhigte er sich. Dann verschied er in großem Frieden.

Ich hatte meinen Vater lieb, doch vergoss ich keine Träne. Ich war voller Freude, denn ich wusste ihn nun in der definitiven Gegenwart jenes Wesens, der seinem ganzen Leben Sinn gegeben hatte.

Ebenso war ich allein am Sterbebett meiner Mama. Sie hatte eine völlig andere Persönlichkeit als mein Vater. Das war eine starke Frau voller Energie, die ohne Schwierigkeit acht Kinder großgezogen hatte. Doch als es ans Sterben ging, wurde sie wie ein kleines Kind. So hatte ich sie nie zuvor gesehen. Zusammen rezitierten wir das Nachtgebet, das wir in unserer Familie immer gesprochen hatten. Dann schloss sie langsam ihre Augen und entschlief für immer. Das war eine solche Süße, dass ich meinte, unsere Rollen hätten sich vertauscht: Ich wäre nun wie eine Mama am Sterbebett meines Kindes.

Auch beim Sterben einer Person, die eine große Rolle in meinem Leben gespielt hatte, war ich wiederum allein. Es war Mademoiselle Coutaz, meine Sekretärin in Emmaus. Sie starb mit 83 Jahren, nachdem sie mich 39 Jahre lang ertragen hatte. Ohne sie wäre die Emmaus-Bewegung nie zu dem geworden, was sie heute ist. Die alten Gefährten, die sie sehr gut kannten, pflegten zu sagen: „Abbé Pierre hatte nie einen Sou in der Kasse, weil er ihn sogleich ausgab, sobald er ihn erhielt. Mademoiselle Coutaz jedoch wusste hauszuhalten, die Gelder zu verwalten und sie gewissenhaft auszugeben." Auf ihr Grab haben sie geschrieben: „Mitgründerin von Emmaus". Das ist die Wahrheit. Père de Lubac hatte sie mir empfohlen, und sie war wirklich ein Geschenk der göttlichen Vorsehung. Sie war dreizehn Jahre älter als ich, und man kann sich schwerlich eine Frau vorstellen, die sich weniger zu einer Versuchung machte wie sie. Glücklicherweise, denn wenn ich eine attraktive zwanzigjährige Sekretärin gehabt hätte, wäre die mir sicher eine wirkliche Qual für meine 39-jährige Zusammenarbeit geworden.

Sie starb also in der Wohnung in Charenton, die ihr zugleich als Büro gedient hatte. Was mir damals am meisten Eindruck machte, war das schreckliche Zucken vor Schmerz auf ihrem Gesicht während der beiden letzten Tages ihres Lebens, wobei sie zwei Stunden später voller Frieden strahlte.

Bei jeder dieser drei meiner intimsten Sterbeerfahrungen hatte ich nichts als das Gefühl großer Freude.

Selber habe ich mich auch mehrere Male an der Schwelle des Todes befunden, und während ich ihn mir mit acht oder neun Jahren so ersehnt hatte, wollten sich die Pforten zu ihm doch noch nie öffnen. Das erste Mal, als ich zu sterben meinte, war ich als junger Pfadfinder in einem Lager am See Annecy. Eines Morgens, als ich aus dem Zelt sprang, bohrte sich ein zugespitztes Schilfrohr in meinen Fuß. Man pflegte die Wunde zunächst mit den Mitteln, die man mitgebracht hatte, doch sie infizierte sich, und nach wenigen Stunden hatte ich vierzig Grad Fieber. Man brachte mich sofort ins Krankenhaus, und weil das Fieber immer noch anstieg, bereitete mich der Pfadfinderkaplan auf das Sterben vor. Ich war zufrieden und dachte: Endlich kommen meine großen Ferien! Doch schließlich erholte ich mich, und der Weg ging also weiter.

Viel später, während des Krieges, war ich mehrere Male in Lebensgefahr. Eine Situation war alles andere als banal. Das war im Hochgebirge nach der Begleitung jüdischer Familien in die Schweiz. Es war beim Abstieg zurück mit meinem Freund, dem Bergsteiger Léon Balmat. Wir fühlten uns erleichtert, wie so oft bei der Rückkehr, und seilten uns nicht an. Plötzlich glitt ich mitten im Gletscher aus. Ich erinnere mich genau, dass mir während der Sekunden dieses tollen Losschießens in Erinnerung kam, was Léon uns beim Aufstieg erzählt hatte, als wir diese immense Gletscherspalte umgingen, auf die ich nun lossauste: „Wenn jemand in diese Spalte fällt, ist es unmöglich, ihn herauszuholen. Zuweilen geschieht es, dass man nach fünfzig Jahren unten am Gletschertor die Füße eines Typs entdeckt, den der Gletscher gefroren und völlig intakt ausspeit. So intakt, dass man sogar seine Ausweispapiere lesen kann."

Die meinen waren bei dieser Gelegenheit gefälscht, doch sah ich sie schon im 21. Jahrhundert aufgetaut unter den Augen von neugierigen Bergwanderern. Ich hatte unglaubliches Glück: Mein Fuß schlug an eine Gletscherkruste, sodass mein Sturz wenige Meter vor der Spalte gestoppt wurde.

Noch ein weiteres Mal fürchtete ich wirklich, dass meine letzte Stunde geschlagen hatte. Es war auf einem Flug zwischen Delhi und Bombay. Plötzlich wurde das Flugzeug heftig und ohne erkennbaren Grund geschüttelt. Der Pilot kehrte zurück und drehte zwanzig Minuten lang über Delhi, um für eine Notlandung das Flugbenzin abzulassen. In solchen Momenten denkt man, dass sich alle Passagiere nur mehr auf das Sterben gefasst machen. Es gab keinerlei Panik, und jedermann schien zu beten. Ich meine, es ist wichtig, sich auf das Sterben vorzubereiten. Schließlich ging alles gut aus.

In der Folge publizierte ich in unserem Emmaus-Bulletin unter dem Titel „Das Ziel" meine Meditation über das Sterben, die diese Erfahrung in mir ausgelöst hatte. Diesen Artikel bekam Dr. Schweitzer im Leprosenhospital in Lambarene, Gabun, zu Gesicht. Da schrieb er mir einen schönen Brief, der folgendermaßen endete: „Ich danke dir für deinen Artikel, der mir hilft, mich auf mein eigenes Ende, das nun bald bevorsteht, vorzubereiten. Wenn die Stunde kommen wird, werde ich bitten, dass man dich davon unterrichte, damit du kommst, um mir in diesem entscheidendsten Moment meines Lebens beizustehen."

Aber ich war sicherlich meinem Tod nie näher als während eines Schiffbruchs vor etwa fünfunddreißig Jahren. Ich hatte eine Arbeit für Emmaus in Uruguay beendet und begab mich nach Argentinien. Als ich mich auf das Flugzeug begeben wollte, wurde gemeldet, dass wegen Nebels alle Flüge annulliert seien. So stürzte sich alles auf ein Schiff, das im Hafen eben die Anker nach Buenos Aires lichtete. Wir waren natürlich zu viele, und die Mehrzahl der Passagiere bereitete sich darauf vor, in Fauteuils die Nacht zu verbringen. Ich traf dort zufällig einen französischen Priester namens Audinet, der mir seine Kabine anbot, und weil ich mich erschöpft fühlte, nahm ich das Angebot an.

Um vier Uhr morgens poltert er an meine Türe: „Auf, nehmen Sie Ihre Schwimmweste unter dem Bett, denn das Schiff sinkt!" Tatsächlich sah ich, dass es nach vorne zu sinken begann, während sich das hintere Ende mehr und mehr aus dem Meer hob. Schließlich befahl der Kapitän, dass sich jedermann ins Wasser stürzen soll.

Unter solchen Umständen sieht man, wie sich die eigentliche Tiefe jeder Person zeigt. Einige waren voller Würde und Solidarität. Andere hingegen stürzten sich wie Wölfe auf die wenigen Rettungsboote und jagten Frauen und Kinder weg, nur um sich selber einen Platz zu erobern. Ich erteilte kollektive Absolution und sprang schließlich auch ins Wasser. Es blieben nur etwa zwanzig Personen auf dem Schiff, hauptsächlich ältere Damen, die sich kategorisch diesem Zwangsbad verweigerten. Sie hatten Glück, denn sie stellten sich zusammen mit dem Kapitän, der sich entschlossen hatte, mit dem Schiff unterzugehen, auf die oberste Kommandobrücke. Ich las später in der Zeitung, dass das Schiff sich auf einer Sandbank festgesetzt hatte … und genau die Kommandobrücke über Wasser blieb.

Ich meinerseits hatte mich an eine große Kiste gehängt, an der sich zehn andere festhielten. Die Schiffbrüchigen gruppierten sich im Übrigen nach Instinkt: Jene, die sich an ein Brett festklammerten, kamen einem isolierten Schwimmer zu Hilfe. Am anderen Ende meiner Rettungsplanke erzählte uns ein Südamerikaner allerlei dumme Geschichten, um uns moralisch auf der Höhe zu halten. Plötzlich schrie er: „Bist du nicht Abbé Pierre? Vive la France!" Und er begann die Marseillaise zu singen. Nach mehreren Stunden im eisigen Wasser und vor Erschöpfung verlor ich zweimal das Bewusstsein.

Als ich wieder zu mir kam, war ich sicher, dass ich zu sterben hatte. Nachdem ich die Sünden meines Lebens bereut hatte, kam mir ein Gedanke, den ich seither nicht mehr vergessen konnte:

„Wenn man sein Leben lang nur versucht hatte, die Hand der Armen zu drücken, wird man im Moment seines Sterbens sicher auch die Hand Gottes in der seinen fühlen." Dann verlor ich von Neuem mein Bewusstsein.

Vier Stunden später hat mich die argentinische Marine aus dem Wasser gefischt. Da ich kein Lebenszeichen mehr von mir gab, hat man mich zusammen mit den Toten in einem Gepäckabteil des Rettungsschiffs verstaut. Da hätte mein irdisches Abenteuer sein Ende finden können, wenn nicht einer der Matrosen, der einen weiteren Leichnam herbeitrug, auf einmal gesehen hätte, wie ich mich regte Man trug mich auf die Brücke und versuchte, mich mit Mund-zu-Mund-Beatmung wiederzubeleben. Ich erwachte, splitternackt, und sah zwei Matrosen in die Augen. Die lachten, als sie sahen, dass ich die Augen wieder öffnete. Ich war gerettet, doch war das Überleben noch härter: Ich musste miterleben, wie immer wieder ein Vater oder eine Mutter zu mir sagten: Eben hat man unser Kind tot aufgefischt ...

Ich erinnere mich an das Ehepaar, mit dem ich am Abend auf dem Schiff Bekanntschaft schließen konnte. Nach mehreren Ehejahren hatten sie sich getrennt. Während der Krankheit ihrer Kleinkinder hatten sie einander dann wieder gefunden und sich wieder geeinigt. So feierten sie auf unserer Schifffahrt ihre zweite Hochzeitsreise. Und nun sah ich die Frau nach unserem Schiffbruch. Sie hatte die Leiche ihres Gatten zu identifizieren. Das war schrecklich.

Als wir in Buenos Aires landeten, erwartete uns eine Horde von Journalisten. Als sie mich erkannten, rannten sie auf mich los. Ich sagte: „Ihr seid ja gut, kommt mit heißem Getränk, Kleidung und etwas zu beißen. Danke schön. Aber ich komme, um unter der Bevölkerung von Buenos Aires zu arbeiten, mit den Obdachlosen, den Verzweifelnden, die sind die Schiffbrüchigen aller Tage in eurer Stadt. Nun lauft ihr hierher, um einige Dutzende Schiffbrüchige einer einzigen Nacht zu interviewen. Warum sammelt ihr nicht die Berichte von

Millionen von permanent Schiffbrüchigen in den Elendsvierteln von Buenos Aires?"

Einige Tage später wurde ich ebenso von Philippe Labro interviewt. Damals war er ein ganz junger Reporter des *France-Soir*. Sein Chef war eine der Pressegrößen, Pierre Lazareff. Der hatte ihn angerufen und gesagt: „Lass alles liegen und flieg nach Buenos Aires für eine außergewöhnliche Reportage. Wir machen eine Schlagzeile: ‚Abbé Pierre aus dem Meer gefischt', mit Fotos auf einer Sonderseite." Später beklagte sich Labro in einer Sendung, die ich kürzlich auf einem Video sah: „Ich war schrecklich enttäuscht, denn ich erhielt absolut nichts von Abbé Pierre. Für ihn war der Schiffbruch schon vorbei. Der interessierte ihn gar nicht mehr. Er sprach immer nur von seinen Projekten mit Emmaus in Chile und Peru und ich weiß nicht wo. Am Ende verlor ich meine Nerven und sagte zu ihm: ‚Aber Abbé, wenn man dem Tod so nahe ist, was fühlt man denn da?' Er gab eine Antwort, die ich nie vergessen kann, denn er sagte nur: ‚Der Tod ist wie eine lange hinausgeschobene Begegnung mit einem Freund.'"

Fünfunddreißig Jahre nach dieser Episode, da ich mich nun dem Tod näher weiß, würde ich es genau so sagen. Genau so sehe ich den Tod immer noch: ein lange verschobenes Rendezvous mit einem Freund. Wenn ich die vielen Gelegenheiten, bei denen ich dem Tod entwischt bin, bedenke, kann ich sagen, dass Jesus, dieser Freund, mich nur immer wieder von Neuem anfangen ließ. Das ist nicht tragisch. Ich hoffe immer noch unablässig jeden Tag auf diese so lange erwartete Begegnung.

Man spricht von einer Trennung anlässlich des Todes. Das trifft zwar auf die Hinterbliebenen zu, gilt aber nicht für den Verstorbenen selbst! Für ihn ist es nur eine Schwindel erregende, fantastische Begegnung, jenseits aller Vorstellungsmöglichkeit, mit Gott, mit den Engeln, mit den Milliarden von Menschen, die jemals gelebt haben. Jawohl, der Tod kann ein wunderbarer Moment unseres Lebens sein.

Je älter ich werde – und ich bin schon ziemlich alt –, desto mehr bin ich überzeugt davon, dass es nur zwei wesentliche Dinge im Leben gibt, zwei Dinge vor allem, die einem nicht missraten sollten: das Lieben und das Sterben.

Diese zwei Dinge sind übrigens auf das Engste miteinander verbunden: Unser Tod ist das Bild unseres Lebens. Der Tod ist nichts anderes als der Abschied aus dem Schatten dieser Zeit. Im Moment, da man aus dem Schatten tritt, um ins Licht zu gelangen, sieht man sich selber als den, zu dem man sich im Verlauf des Lebens gemacht hat: entweder als einen solidarischen oder einen selbstsüchtigen Menschen.

Ich habe es schon gesagt, dass die entscheidende Teilung der Menschheit nicht die zwischen Gläubigen und Ungläubigen ist. Es ist vielmehr die Trennlinie zwischen den sich selbst Genügenden und denen, die für die anderen gelebt haben. Das heißt also, dass einzelne „Gläubige" sehr wohl selbstsüchtig sein können, und ebenso mögen einige „Ungläubige" für die anderen gelebt haben.

Sartre schrieb: „Die Hölle, das sind die anderen." Ich bin vom Gegenteil völlig überzeugt. Die Hölle besteht darin, sich selber von den anderen abzuschneiden. „Du hast nur gelebt, um dir selber zu genügen. So genüge dir also selbst!" Und umgekehrt besteht das Paradies in grenzenloser Gemeinschaft. Das ist die Freude am miteinander Teilen, am Austausch, eingetaucht ins Licht Gottes.

Ewiges Leben beginnt also nicht nach dem Tod. Es ist schon da, in der Wahl, die wir jeden Tag treffen, nur uns selber zu genügen, oder aber an den Leiden und den Freuden anderer teilzuhaben. Und Gott braucht uns nicht zu richten. Das Gericht besteht in jenem Moment vollen Lichts, in dem jeder Mensch sich so sieht, wie er sich selber gemacht hat: zu einem Gemeinschaftsmenschen oder einem selbstsüchtig Isolierten. Der Mensch ist also sein eigener Richter: „Das Gericht besteht darin", sagt Christus, „dass das Licht in diese Welt kam, die Menschen jedoch der Finsternis den Vorzug gaben, weil ihre Werke böse waren" (Joh 3,19). Unsere Werke, unsere Taten sind unsere eigenen Richter, denn wir sind, was wir tun, und nicht, was wir reden oder uns einbilden.

Erträumen wir uns nicht unser Leben, sondern schaffen wir es uns! Reden wir nicht, sondern lieben wir! Dann wird, wenn wir aus den Schatten dieser Zeit hinaustreten, unser Herz in Flammen stehen, weil es sich Dem nähert, der die Quelle allen Liebens ist.

Du, der Verzeihung schenkt

Keiner kann sagen: Ich habe zehn oder zwanzig oder fünfzig Jahre gelebt und habe niemanden verletzt oder Gott irgendwie beleidigt. Das ist nicht wahr. Für Sünder, die wir alle sind, ist Verzeihung unsere absolute Hoffnung. Was mich an dieser Hoffnung hindern könnte und mich meinen Tod fürchten machen könnte, wäre der Gedanke, dass ich nicht verziehen habe und darum auch keine Verzeihung erlangen könnte. Denn das Verzeihen hat immer diese Doppeldimension. Das sagt der Satz im Vaterunser: „Vergib uns, wie auch wir vergeben."

Hier sind zwei Bemerkungen angebracht: Wenn wir an die Menschen denken, die uns beleidigt haben und denen wir nun verzeihen wollen: War auf meiner Seite nicht irgendetwas, das ihm zur Beleidigung Anlass gab? Bin ich nicht auch mitverantwortlich an seiner aggressiven Haltung mir gegenüber?

Ich war Abgeordneter, und ich denke an einen großen Politiker, der im Parlament einer meiner Vorgänger war. Es war Louis Martin, ein typischer Vertreter des politischen Zentrums Frankreichs. Erst kürzlich habe ich erfahren, dass zur Zeit der Ratifikation des Versailler Friedensvertrags mit Deutschland 1919 ein einziger Abgeordneter gegen diesen Vertrag gestimmt hatte, und das war dieser Mann. Er sagte: Mit einem so harten und kompromisslosen Vertrag wird Deutschland innerhalb von zehn Jahren das Opfer einer Diktatur. Was für eine Hellsichtigkeit! Und die Nazidiktatur hat fünfzig Millionen Menschenleben gekostet, mit allen Scheußlichkeiten wie der Judenvernichtung und den Gaskammern.

Ich glaube, dass man sich, wenn man beleidigt wird, immer zu fragen hat: „Bin ich selber zum Teil nicht etwa auch schuld?"

Umgekehrt, wenn man uns anklagt und wir uns entscheiden, von jenen Verzeihung zu erbitten, die durch unseren Fehler oder Missgriff oder Irrtum verletzt worden sind, kann es geschehen, dass man uns noch ganz anderer Vergehen bezichtigt als derer, deren wir uns bewusst waren. Dann muss man den Mut haben, auch dafür um Verzeihung zu bitten. Das darf man nie verweigern, denn wenn menschliche Leidenschaft einmal entfesselt ist, ist Verzeihen das einzige Mittel, um sie abzukühlen und noch weit schlimmere und gefährlichere Folgen zu verhüten.

Wenn ich mehrere Male in meinem Leben um Verzeihung zu bitten hatte, und zuweilen unter sehr schwierigen Bedingungen, so habe ich doch auch wie jedermann Gelegenheit gehabt, unter besonders schwierigen Umständen verzeihen zu dürfen. Bei der französischen Befreiung zum Beispiel habe ich zugunsten eines Mannes vor Gericht ausgesagt, der mich verraten hatte. Auf Verlangen seines Anwalts habe ich dem Gericht die Umstände erklärt, aufgrund deren der Schuldige wie in ein Räderwerk verfangen gewesen sein muss. Ich erlangte für ihn die Anrechnung mildernder Umstände, während er zunächst mit einem Todesurteil zu rechnen hatte.

Dieser Mann war Autor eines großen Werkes, einer Art genealogischer Enzyklopädie. Als die deutsche Besatzung kam, war er verzweifelt und fürchtete, dass das Luxuspapier nicht mehr aufzutreiben wäre, das er für den nächsten Band seines Werkes benötigte. Da begegnete er einem der französischen Chefs der Gestapo. Der schlägt ihm vor, dem arischen Klub beizutreten. „Dort werden Sie mit der zivilen und militärischen Führung der Besatzungsarmee Bekanntschaft machen, worunter sich sicher einige deutsche Aristokraten finden, die an Ihrem Werk Interesse haben und Ihnen das Papier zu verschaffen wissen." Er nahm das Angebot an, erhielt sein Papier und konnte den Band publizieren.

Doch nun sagte ihm der Gestapo-Mann: „Das ist nun natürlich nicht das Ende, denn wir sind nun den Deutschen zu Dank verpflichtet, und als Funktionär haben Sie mir nun Informationen über gewisse Leute zu liefern." Unter dem Druck dieser Erpressung wurde der Mann ein Informant. Er war mein Freund und kannte meine Tätigkeit in der Résistance sehr gut. Er verriet meine pseudonyme Identität. Er verriet, dass ich mit dieser falschen Identität einen deutschen Ausweis erhalten hatte, mit dem ich mich einem geheimen Grenzübertritt an der Pyrenäen-Grenze nach Spanien hatte anschließen können. Dabei wurde ich festgenommen und nach Informationen ausgequetscht, doch gelang es mir, auf ziemlich wunderbare Weise zu entfliehen und mich nach Algier abzusetzen.

Bei unserer Befreiung habe ich dann beschlossen, für diesen Mann Fürsprache einzulegen. Ich erklärte dem Gericht, wieso es für ihn zu solcher Verwicklung kam. Als der Vorsitzende bemerkte, dass ich ihn verteidigen wollte, unterbrach er mich und sagte: „Aber Monsieur l'Abbé, Sie wissen sicher nicht, was man unter dem Bett dieses Gestapo-Mannes, der sich in die Schweiz in Sicherheit gebracht hat, gefunden hat! Da waren Bündel von Informationen über Sie, die von unserem Angeklagten hier täglich seinem Auftraggeber geliefert wurden. Das war auch der Grund, weshalb die Gestapo Sie festgenommen hat und Sie nur knapp Ihrer Erschießung entronnen sind." Ich erwiderte ihm: „Das weiß ich, Herr Vorsitzender, aber persönlich möchte ich keine Vergeltung für diesen Mann, denn ich weiß, wie herzlich es ihm leidtut, dass er mich verraten hat, da er sich erst von seiner Berufsleidenschaft und dann von seiner Furcht hat besiegen lassen." Er wurde schließlich zum Entzug der Ehrenrechte eines Staatsbürgers für fünf Jahre verurteilt.

Das Verzeihen schließt natürlich menschliche Gerechtigkeit nicht aus, worauf ich später zurückkommen werde, doch setzt es immer einen weiteren Blickwinkel voraus, eine Sicht von oben, die nur in Liebe gelebt werden kann. Das Evangelium gibt uns ein schönes Beispiel einer solchen verzeihenden Liebe, die einen bloßen Gerechtigkeitsanspruch hinter sich lässt, im Gleichnis vom Verlorenen Sohn.

Ein Mann hatte zwei Söhne. Der jüngere sagt zu ihm: „Vater, gib mir den Teil des Vermögens, der mir zusteht." Der Vater teilt das Vermögen. Nach kurzer Zeit macht der jüngere Sohn sich mit seiner Habe davon, lebt weit fort in Saus und Braus, und schon ist alles in Bordellen und bei Saufgelagen verjubelt.

Da bricht nach schlechter Ernte eine große Hungersnot aus. Er verdingt sich bei einem Bauern, der ihm die Sorge für den Schweinestall anvertraut, doch nicht einmal deren Futterreste kann er sich ergattern.

Da geht er in sich und sagt sich: „Die Knechte meines Vaters sind alle viel besser dran als ich. So gehe ich heim und sage: ‚Vater, ich schäme mich. Ich bin ein Lump geworden und habe meine Würde als Sohn des Hausherrn verkauft. So halte mich wenigstens als deinen Knecht, sonst gehe ich zugrunde.'"

Schon von Weitem hat ihn sein Vater erblickt, der täglich nach ihm Ausschau hielt. Jetzt eilt er ihm entgegen, nimmt ihn an seinen Hals und bedeckt den Lumpen mit väterlichen Küssen. Da sagt ihm sein Sohn: „Vater, nimm mich nur als deinen Knecht, denn ich bin ein Lump geworden und habe meine Ehre verkauft."

Doch der Vater ruft seine Knechte herbei: „Wascht meinen Sohn und holt die Festtagskleider her, die schönsten Schuhe an seine Füße und Ringe an seine Finger; schlachtet das beste Kalb und holt die Musik und die Mädchen, denn jetzt wird getanzt, und es gibt ein Auferstehungsfest, denn er war ja tot und ist zu neuem Leben erweckt, war verloren und wurde gefunden, hurrah!"

Der Ältere war inzwischen bei der Arbeit auf den Feldern und kehrt abends müde heim. Da hört er die seltsame Musik und Feierei und ruft einen der Knechte herbei: „Was ist denn da los?" Da erzählt er ihm, dass sein verlorener Bruder gefunden wurde und der Vater die Feier inszenierte, weil der tot Geglaubte wieder lebendig wurde. Doch der Ältere erstarrt in Groll und Missmut und Zorn.

Da holen sie den Vater heraus. Der kommt und redet ihm zärtlich zu, doch muss er sich nur anhören: „So viele Jahre schon bin ich dein Sklave und schinde mich zu Tode, und nie hast du mir auch nur eine Ziege geschenkt, damit ich mit meinen Freunden ein Fest feiern kann. Dann kommt dieser dein Sohn, der unser ganzes Vermögen mit Huren verjubelt hat, und du beschenkst ihn mit diesem Festgelage!"

Da redet ihm sein Vater gütig zu: „Du mein lieber Erstgeborener, du bliebst ja immer bei mir und alles, was ich habe, ist ja auch dein. Doch das ist ja dein Bruder, der tot war, doch zu neuem Leben heimgekehrt ist, er war verloren und ist gefunden – für immer. Ist das nicht Grund genug zu jubeln und zu feiern? (Lk 15,11–32)

Nach meiner Erfahrung ist Gott genau wie der hier gezeichnete Vater. Sein Verzeihen wird uns immer angeboten, was immer unsere Fehler und unsere Verleugnungen seien. Das Wesen Gottes ist wie die Luft, die wir atmen: ein permanenter Verzeihungszustand. Sein Verzeihen ist Gottes mütterliche Seite. Eine Mutter wird ihrem Kind immer verzeihen.

Ein berühmtes Gemälde Rembrandts zeigt diesen verzeihenden Vater, der seine beiden Arme auf den Verlorenen legt. Man hat mir gesagt, was wenige wissen: dass der Maler den einen Arm als mütterlichen und den anderen als väterlichen gemalt habe. Das ist unerhört stark gesehen. Das heißt doch, dass sich in der göttlichen Barmherzigkeit eine mütterliche Eigenschaft Gottes offenbart. Denn in Gott sind doch beide Eigenschaften vorhanden, obwohl wir ihn nur immer Vater nennen. Jedes Mal, wenn ich darüber spreche, beginnen die Augen der Frauen zu leuchten: Sie finden sich leider noch immer zu oft, übrigens in der Kirche ebenso wie in der Gesellschaft, als zweitklassig behandelt, besonders auch, weil Gott immer nur als männlich dargestellt wird.

Um zu verstehen, wie uns Gottes Verzeihen immerdar geschenkt wird, kann man den Vergleich mit dem Licht anstellen. Selbst für die fortgeschrittenste Physik unserer Tage ist Licht immer noch ein Rätsel. Nichts kann es aufhalten, oder es wird nur in ganz speziellen

Situationen abgeschirmt. Ohne solches Hindernis verbreitet es sich überall. So verhält es sich auch mit dem göttlichen Verzeihen: Wir selbst sind es, die ihm ein Hindernis in den Weg stellen, eine Mauer, die vorübergehend sein Licht abhalten kann.

Weil Gott substanziell Liebe ist, will Er immer nur verzeihen. Er will uns nicht vor Gericht zerren. Es ist der Mensch, der sich mittels Sünde oder Stolz selber verdammt, das heißt sich freiwillig von Gottes Licht abschneidet.

Wenn der Mensch in seiner Sünde eine Mauer errichtet hat, die das Licht nicht mehr durchlässt, kann nur die Reue eine solche Mauer wieder zerstören. Denn Gott respektiert immer des Menschen Freiheit. Wenn der Mensch sich von seinem Licht abschneidet, zwingt ihn Gott nie, sich zu ändern. Einzig die Reue, das aufrichtige Bedauern seiner Missetat, erlaubt es dem Menschen, Gemeinschaft mit Gott und dem Nächsten wieder neu zu finden. Auf Gottes Seite ist Verzeihen immer geschenkt, Er wartet einzig auf das Bedauern und Bereuen. Zerknirschung ist ein sehr starkes Wort. Wörtlich meint es das Zerschlagen von Steinen in kleine Stücke mittels eines Hammers. Die Bibel enthält einige herrliche Beispiele solcher Zerknirschung. Für mich ist die erschütterndste von allen die Reue König Davids (2 Sam 11 und 12).

Während seine Soldaten Krieg führen, faulenzt der König in seinem Palast und nimmt auf dessen Dach Sonnenbäder. Da sieht er auf dem benachbarten Dach eine herrliche Frau, Batseba, Frau seines Generals Urija. Es gelüstet ihn nach ihr und er schickt ihr einen Boten mit Einladung. Er schläft mit ihr, und nach ein paar Tagen meldet die Frau, dass sie schwanger geworden sei.

David wird von Panik ergriffen und befiehlt dem General sofort, mitten in der Schlacht nach Jerusalem zu kommen. Er erkundigt sich nach dem Frontzustand und sagt ihm dann: „Jetzt geh und erhol dich mit deiner Frau vor der Rückkehr." Er dachte, dann würde es nie klar, wer Vater dieses Kindes wäre. Doch der wackere Urija sagt dem König: „Was denkst du? Während meine Mannen ihr Leben hergeben, soll ich mich meiner Frau erfreuen? Kommt nicht in Frage. Ich schlafe im Wachthaus."

Da kommt es zum Allerschlimmsten. Der König ruft Urija vor seiner Abreise und gibt ihm eine versiegelte Botschaft an den Schlachtengeneral, die besagt: „Vertrau dem Urija eine Aufgabe an, die ihm sicheren Tod bringt!" Und genau das geschieht. David, dieser verlogene Heuchler, nimmt dessen arme Witwe zu sich. Scheußlich: reiner Machiavellismus!

Da interveniert Natan, der Prophet.

Auf Gottes Geheiß erzählt er dem König folgende Geschichte: „Nicht weit weg von hier wohnt ein wohlhabender Mann. Neben ihm haust ein Habenichts, der ein einziges Böcklein sein Eigen nennt. Dem Reichen fällt es eines Tages ein, dieses Böcklein zu verschmausen, und so schickt er seine Knechte, es einzufangen."

Da fällt ihm König David in äußerstem Zorn ins Wort: „Wer ist dieser Gauner? Holt ihn her!" Doch der Prophet erklärt: „Das bist du, König, denn dein General Urija hatte nur eine einzige Frau, doch du deinen ganzen Harem! Und du nimmst sein Geißlein und lässt ihn ermorden!"

Da packt den König der Schreck, und die Scheußlichkeit seiner Untat wird ihm bewusst. Er wirft sich in Sack und Asche und beginnt zu fasten und wirft sich im Gebet zu Boden, so heiß ist seine Beschämung. Und Gott erbarmt sich seiner wegen seiner Reue. Sein Kind stirbt zwar, doch wird er Vater des zweiten Sohns der Batseba, des Königs Salomon.

Auch im Evangelium kann man zahlreiche erschütternde Geschichten lesen, die von beiden Seiten berichten: dem grenzenlosen Verzeihen Gottes und der zerknirschten Reue von Menschen. Die Begegnung Jesu mit der Sünderin liebe ich sehr:

Ein Pharisäer hatte Jesus zu Tisch gebeten. So nahm er die Einladung an und setzte sich mit den Männern zu Tisch.

Da kommt eine Frau mit einem Parfümgefäß herein, die als Prostituierte stadtbekannt war, beginnt seine Füße mit ihren Tränen zu netzen und mit ihrem Haar zu trocknen, bedeckt sie mit Küssen und salbt sie mit ihrem Parfüm.

Da sagt sich der Pharisäer: „Wenn dieser Jesus Prophet wäre, wüsste er ja, was für eine Frau das ist, die ihn da so behandelt."

Da sagt Jesus zu ihm: „Simon, ich möchte dir eine Frage stellen. Da war ein Gläubiger mit zwei Schuldnern, der eine schuldete ihm einen zehnfach größeren Betrag als der zweite, und weil beide zahlungsunfähig waren, erließ er beiden ihre Schuld. Was meinst du, welcher wird ihn nun mehr schätzen?" Simon sagte: „Ich denke, der, dem er mehr geschenkt hat."

Da sagte Jesus zu ihm: „Sieh, ich kam in dein Haus, und da war niemand, der meine Füße gewaschen, noch mich mit einem Kuss beehrt, noch mein Haar wohlriechend gemacht hätte. Doch diese Frau da tat das alles für mich. Darum siehst du doch, dass ihr ihre vielen Sünden wegen ihrer großen Liebe vergeben sind. Wem aber wenig zu vergeben ist, der hat auch wenig Liebe."

Dann sagt er zur Frau: „Mein Vater vergibt dir deine Sünden." Und die Tischgenossen waren entsetzt und sagten: „Was fällt ihm denn ein, Sünden als vergeben zu erklären!" Doch zur Frau sagte er: „Dein Glaube hat dich gesund gemacht. Geh heim in Frieden. (Lk 7,36–50)

Jesus sagt uns, dass ihr vergeben wird, weil sie viel geliebt hat. Das ist eine Dimension der Reue: Liebe bemächtigt sich des Herzens des Sünders und bewirkt, dass ihn sein Fehler schmerzt. Doch dieser Text sagt uns auch, dass erfahrene Verzeihung Liebe wachsen lässt: „Der, dem wenig vergeben ist, zeigt wenig Liebe." Man bittet also um Verzeihung, weil man liebt, und zugleich liebt man noch mehr, weil man Verzeihung erfährt.

In diesem Zusammenhang vergesse ich eine Episode nie: Ich war fünfzehn Jahre alt und erst seit Kurzem Chef eines Pfadfinderstammes. Wir wohnten in Lyon und hatten zehn Kilometer weit weg am

Rhôneufer ein Haus mit einem großen umhegten Park während der Schulferien zu unserer Verfügung. Der Zug brauchte zwanzig Minuten bis dorthin. Doch oft fuhren wir mit dem Fahrrad. An einem Sonntag, als wir uns gerade zur Abfahrt bereitmachten, sagte ich: „Nein, heute kann ich nicht zum Spiel nach Irigny kommen, denn um fünf Uhr abends haben wir eine Pfadfinderversammlung, und dann fährt kein Zug mehr zurück." Mein älterer Bruder, der gerade bei schlechter Gesundheit war, sagte mir da gleich: „Ich fahre mit dem Fahrrad, und dann kannst du mein Fahrrad für die Rückfahrt benutzen." So ging ich also mit meinen Geschwistern zur Bahn, als ein anderer meiner Brüder gerannt kommt und meldet: „Emmanuel kommt nicht, denn es ist ihm nicht wohl."

Da bekam ich einen Zornausbruch, stieg aus dem Zug, warf meine Fahrkarte fort und kehrte polternd heim zu meinem kranken Bruder. Im Bewusstsein meiner neuen Stellung als Patrouillenchef überschüttete ich ihn mit all meiner Bosheit, obwohl ich ja wusste, dass er doch völlig aufrichtig gewesen war, als er mir sein Fahrrad versprochen hatte.

Danach tobte in mir ein innerer Kampf, bis ich endlich meine Arbeit fallen ließ und an seine Tür klopfte, um ihn um Verzeihung zu bitten. Ich bin überzeugt, dass er die Sache schnell vergaß, doch für mich ist sie bis heute unvergesslich.

Im Leben gibt es manchmal so triviale Sachen, die von außen gesehen lächerlich scheinen, die jedoch ein Menschenherz zu wandeln oder zu erleuchten vermögen. Und tatsächlich war ich ein anderer geworden, nachdem wir uns umarmt hatten. Ich war nicht mehr derselbe. Ich badete in der Art von Freude, die eine Begegnung mit Gott ist, davon bin ich überzeugt. Ich kostete, wie gut es ist, einander zu lieben, fähig zu sein, eine Verletzung, die man verursacht hatte, vernarben zu lassen.

Geschenktes und erfahrenes Verzeihen lässt Liebe wachsen und lässt uns eine ganz unvergleichliche Freude kosten.

Es gibt noch eine weitere Dimension des Verzeihens, die uns Jesus im Evangelium in der erschütternden Geschichte der beim Ehebruch ertappten Frau zeigt:

Schriftexegeten und Pharisäer bringen eine Frau zu Jesus, die sie eben beim Ehebruch ertappt hatten. Sie stellen sie mitten in die herbeigeeilte Männerschar und provozieren ihn: „Meister, auf frischer Tat ist sie ertappt. Im Gesetz befiehlt uns Mose, sie zu steinigen. Was sagst du dazu?" Sie wollten ihn auf die Probe stellen, damit sie ihn als Gesetzesbrecher verklagen könnten.

Doch er kümmert sich nicht um die Provokation, bückt sich und macht nur mit seinem Finger Zeichen in den Sand. Da sie nicht aufhören, ihn mit ihrer Frage zu belästigen, richtet er sich auf und sagt: „Wer von euch nie eine Sünde tat, werfe den ersten Stein auf sie!"

Und wieder zeichnet er Figuren in den Sand.

Da machen sich die Männer, angefangen von den Ältesten, einer nach dem andern beschämt davon.

Schließlich sind da nur mehr Jesus und die Frau. Da richtet er sich auf und fragt sie: „Frau, wo sind denn deine Richter? Hat niemand einen Stein geworfen?"

„Kein Einziger", sagt sie.

Da sagt er zu ihr: „Auch ich richte dich nicht; geh heim und sündige nicht mehr!" (Joh 8,1–11)

Jesus zeigt uns da, dass kein Mensch so völlig schuldlos, rein und perfekt ist, um einen anderen zu richten. Gott allein kann einen Sünder richten und ihn verurteilen. Doch weil Er nur Liebe ist, wird Er sein Verzeihen immer schenken, wenn man seinen Fehler eingesteht und bereut. Für Gott ist nichts unverzeihlich, selbst nicht das allerschrecklichste Verbrechen. Uns aber ist es unmöglich, die geheimen Motivationen gerecht zu erforschen, die einen Menschen in ein Verbrechen treiben. Es kann eine Leidenschaft sein wie die von Georges, unserem ersten Emmaus-Gefährten, es kann sich um eine Geistesstörung handeln oder um ein Familienmilieu, das schließlich ein Kind zur Gewalt treibt.

In einem gewissen Maß ermöglichen uns die neueren Fortschritte der Psychoanalyse, das Wort Christi „Richtet nicht!" besser zu verstehen. Was ist der Grad der Verantwortung eines Individuums, das einen Fehler begeht? Gott allein weiß es.

Ich denke oft an Jesu Wort am Kreuz: *„Vater, vergib ihnen, denn sie wissen nicht, was sie tun."* Kürzlich war ich in Belfast, wo ein Kind von einer „verirrten Kugel" getroffen wurde, wie man sagt, und im Auto seines Vaters starb, der es zur Schule brachte. Sofort sammelte sich eine Menge um den Wagen, und es hätte nicht viel gefehlt und es wäre zu einer Demonstration und zu entsprechenden Ausschreitungen gekommen. Doch der Vater, ein echter Christ, stieg aus dem Wagen seines toten Kindes und sagte: „Vergebt ihnen, sie wissen ja nicht, was sie tun."

Ein Wort wie dieses ist ohne Grenzen. Das heißt natürlich noch nicht, dass ein Verbrechen keine Strafe finden soll oder dass menschliche Gerechtigkeit unmöglich sei. Es heißt im Gegenteil, dass man dem Verbrechen gegenüber unerbittlich bleiben muss; dass die internationale Gemeinschaft Maßnahmen ergreifen muss, internationale Gerichtshöfe gegen Völkermord, Kinderpornos, Frauenhandel zu schaffen hat. Auch muss man sich um Geisteskranke kümmern, damit sie keine Verbrechen begehen. Aber um sich ein gerechtes Urteil über moralische Verantwortung für solche Verbrechen bilden zu können, müsste man die ganze Biografie der Betroffenen kennen. Wie entstehen denn soche ungeheuren Taten? Verurteilen wir nicht die Personen, doch ergreifen wir alle Mittel, um ihre Untaten zu verhindern. Es ist die Pflicht der Gesellschaft, ihre schwächsten Glieder zu schützen.

Ich erinnere mich da an ein Beispiel, das für mich äußerst dramatisch war. Es handelt sich um Tho Morel, auf den ich anlässlich meiner Einkleidung bereits zu sprechen kam und der im Krieg Chef eines „Maquis", das heißt eines Partisanentrupps der Résistance, geworden war. Er war ehemaliger Ausbilder der Offiziersschule Saint-Cyr und hatte mit einigen anderen Offizieren dieser Schule einen Appell an all ihre ehemalige Schüler gerichtet: „Jetzt ist der Zeitpunkt gekommen, eine Armee zu sammeln, um den deutschen Truppen Widerstand zu leisten, sobald die Landung der Alliierten kommt." Er selber hatte einen Ort in den Bergen für eine solche Sammlung gewählt. Doch eines Tages bemerkte man, dass einer der Freiwilligen sich als Spion im Partisanentrupp betätigte. Man sah ihn von Zeit zu Zeit nachts verschwinden und entdeckte, dass er im Wald einen Radiosender versteckt hatte, mit dem er täglich mit Milizen im Tal Nachrichten austauschte. Nach Kriegsrecht wurde er wegen Verrats verurteilt und sollte am Morgen erschossen werden. Präsident des Militärtribunals war mein Jugendfreund Tho Morel selbst, der den Spion zu verurteilen hatte.

Doch wollte er ihn über die Gründe für seinen Verrat befragen. Dabei erfuhr er, dass der Spion ein Gläubiger war und meinte, in die Miliz eintreten zu müssen, um die Welt vor dem Kommunismus bewahren zu können usw. Dann verbrachte Morel den Rest der Nacht im Gebet zusammen mit dem, den er verurteilt hatte und der am Morgen mit seinem Leben zu bezahlen hatte.

Das Verzeihen verhindert die menschliche Rechtsprechung nicht, und diese zwei Ordnungen der Wirklichkeit sind nicht inkompatibel.

Einige Wochen später wurde dann Tho Morel von einem seiner Freunde in einem gemeinen Hinterhalt ermordet.

Ich möchte mit einer kleinen Anekdote schließen, die hinter ihrer naiven Oberfläche sehr wohl zeigt, dass letztlich Verzeihen das Fundament der Hoffnung darstellt.

Eltern feierten mit ihren drei Kindern ihr fünfzehntes Hochzeitsjubiläum. Die Kinder melden, dass in einer Viertelstunde ein kleines Theaterstück gespielt werde. Das Mädchen erscheint in einer sehr schönen weißen Robe, doch auf seinen Schultern trägt es Decken, die eine grau, die andere schwarz. Da kommen die beiden Buben hereinspaziert, die miteinander plaudern: „Nun sind es schon zwei oder drei Jahre her, seit Mama und Papa gestorben sind, und immer noch hat man keine Nachricht, wo sie sich befinden. Das müssen wir endlich herausfinden. Wo meinst du, dass sie sind?", fragt der erste.

„Papa war zuweilen recht zornig und Mama war eine Naschkatze. Die sind sicher in der Hölle", sagt der zweite. Sie klopfen also an des Teufels Tor, und das Mädchen mit den Schultertüchern fragt: „Herr Satan, haben Sie nicht vielleicht unter Ihren Insassen einen Monsieur X und eine Madame Y? Wir sind ihre Kinder und haben keinerlei Nachricht von ihnen." Satan blättert in seinem Register und kommt voller Zorn zurück: „Weg mit euch, ihr stehlt mir nur meine Zeit, da ist keine Familie X." Das Mädchen entledigt sich seiner schwarzen Decke.

„Vielleicht hat der liebe Gott gedacht, der Zorn und die Schleckerei waren doch nicht so schlimm! Gehen wir zum Fegfeuer!"

Sie klopfen dort an die Tür und fragen: „Herr Engel, haben Sie nicht vielleicht unter Ihren Passagieren einen gewissen Herrn X und eine Madame Y? Wir sind deren Kinder und haben keine Nachricht von ihnen." Der Engel beginnt sorgfältig in seinen Registern zu blättern und kommt zurück mit der Auskunft: „Es tut mir leid, doch diese beiden Namen finden sich nicht bei uns." Die Kinder fragen ihn: „Wo können sie denn nur sein? Der Engel sagt: „Nur entweder in der Hölle oder im Himmel!" „In der Hölle nicht. Da kommen wir gerade her, und wir wurden hinausgeworfen." Also gehen wir zum Himmel.

Dort angekommen, fragen sie: „Heiliger Petrus, haben Sie nicht einen Herrn X und eine Frau Y bei sich?" Der geht in seinem Ordner nachschlagen und kommt mit der Auskunft: „Jawohl, die wohnen bei uns!" Und er fügt hinzu: „Weil sie verziehen haben." Da wirft die Tochter ihren grauen Überzug weg und erstrahlt in blendendem Weiß.

Dieses kleine Schauspiel, dem ich beigewohnt habe, hat mich sehr beeindruckt. In ihrer Einfachheit haben diese Kinder sehr wohl das Herzstück des Evangeliums verstanden, das auch jede tiefe Religion verkündet: Das Leben besteht aus Hoffnung, und deren Höhepunkt ist die Gewissheit, dass Gott der All-mächtige, den ich liebe, Verzeihen ist, und dass allen jenen vergeben wird, die zu verzeihen wissen.